JN013314

大原千鶴の
すぐごはん
冷蔵庫にあるもので

大原千鶴

冷蔵庫にあるもので
心の支えにもなる温かい料理ができる

最近なんとなく思うことに、料理をおいしいと感じる要素の中に
「無理や無駄がない」というのがとても大切になってきたように思います。
すさまじい勢いで世の中が進み、物も情報もあふれかえり、
溺れそうになる中で、できるだけシンプルに簡単に時間をかけず、
そして環境にも負荷をかけずに食を整える。
たったそれだけのことができるだけで、
この複雑な世の中をスイスイと生きていける自信ができます。
ごちそうでなくていい。
冷蔵庫を開けて、あったものをうまく使って料理をして、できたてを食べる。
多少へこたれた食材だって、あなたの手にかかれば魔法のように温かな一皿になる。

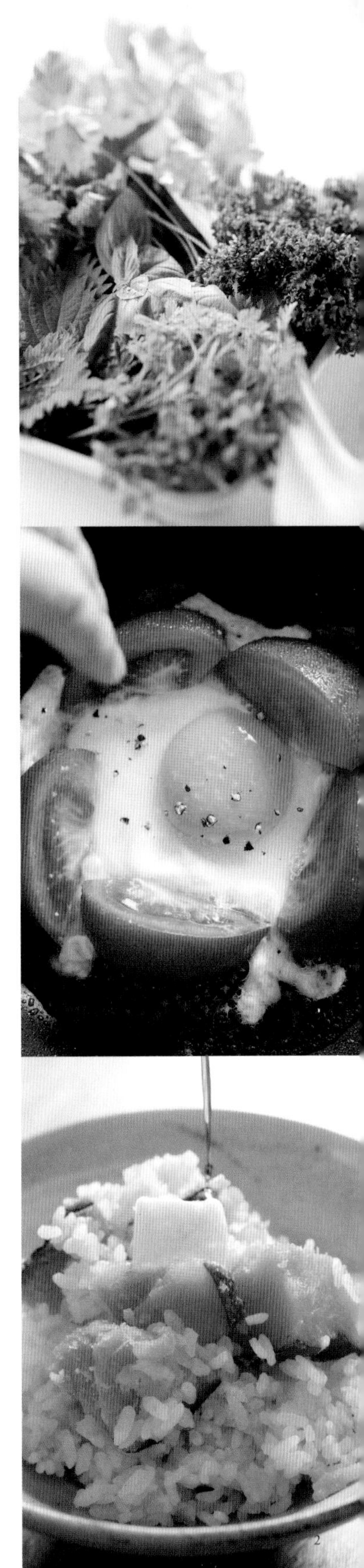

無理なく無駄なく作った料理には、その人のセンスと人柄と思いやりがあふれます。

自分で食べるにしろ、人に作ってあげるにしろ、料理は愛の産物。
そして冷蔵庫はあなた自身。
安心のためにストックした卵も、安売りに乗じて買いすぎた野菜も、
いつか食べるだろうと放置した冷凍肉も、見ないふりしていた瓶詰めの残りも、
食べきれずに残したトーストも、
ちょこちょこっと手当して、ちゃんと使ってあげましょう。
うまくいった日はあなたのご機嫌も上々。
冷蔵庫はすっきり、おサイフはずっしり（ほんまかいな）。
ほんの少しいいことした。
そんな毎日が心の支えになると考えます。
押しつけがましくなく善良な料理を、冷蔵庫にあるもので、ぜひ作ってみてください。

目次

PART 1 卵・豆腐・油揚げ

PART 2 野菜・果物

PART 3 冷凍もんの肉・魚

PART 4 ちょい残りで ステキな一品に

PART 5 お昼やしめに。こっそり低糖質

COLUMN

PART 6

冷蔵庫に残っている瓶詰めで

PART 7

半端食材が生き返る。蘇るつまみ系

この本の使い方

［レシピについて］

- 計量カップは、1カップ＝200mℓ、計量スプーンの大さじ1＝15mℓ、小さじ1＝5mℓ。
- 特に記載のない場合、火加減は中火、だし汁は昆布とかつおの水だしです。
- 水だしのとり方

だし用のパックに削り節(あれば、そうだがつお、あじ、いわしなどが混ざった混合節)15gを入れ、昆布5gとともに2ℓの冷水ポットに入れて2時間以上おく。冷蔵庫で夏は2日間、冬は3日間保存できます。

*保存容器はお使いのものの取扱説明書に従って洗浄、消毒した清潔な状態でご使用ください。

- 野菜類は、特に表記のない場合は皮をむく、洗うなどの下処理をすませてからの手順を記載しています。野菜は通常除く、皮、へた、種やわたは取る、きのこは石づきを除くなどの下処理済みです。
- フライパンは、フッ素樹脂加工のものを使っています。
- 電子レンジの加熱時間は、600Wを基準にしています。500Wの場合は1.2倍、800Wの場合は0.75倍にしてください。機種によって熱量に多少差がありますので、様子を見ながら、加熱してください。
- 電子レンジやオーブンなどの調理器具をご使用の際は、お使いの機種の取扱説明書に従って使用してください。
- 煮る時間、焼く時間は目安です。火の通り加減は様子を見ながら、加減してください。

［おいしい理由メモ］

この本でご紹介しているレシピは、かんたん時短で作っても、料理がおいしくできる調理工程をふまえています。ここで、おいしさを引き出す理由、テクニックをご紹介しています。

卵・豆腐・油揚げ

PART 1

軽く食べられ、火入れによって
ごちそう級の料理に大化けする卵・豆腐・油揚げ。
卵はふわとろに。豆腐はなめらかな舌ざわりが。
油揚げは、サクッと、じゅわっと。
短時間調理で、ほんとうにおいしく楽しめます。
さっとでき、安くてもおいしいから、
食べに出かけずに、繰り返し作ってしまう。
そんな料理ばかりを集めました。

トマトスクランブルエッグ

残っているハーブで、炒め卵が
リゾート気分のいかした味に。
強火で手早く焼くと、
余熱で卵は勝手にふんわりと。
朝ごはんにも。

ハーブを加熱して香りが立つと、卵のクセがとび、繊細な風味が引き立ちます。

主材料（１～２人分）と下処理

卵…２個

⇒割りほぐして、塩小さじ1/6、刻んだ好みのハーブ類（写真はチャービル）適量（５～10ｇ）を混ぜ、卵液を作る

トマト…２個（300ｇ）

⇒４等分のくし形切りにする

1 トマトを焼く

フライパンにオリーブオイル小さじ２、トマトを入れ、時々転がしながらトマトを焼き、皮がめくれてきたら除く。

2 卵を焼く

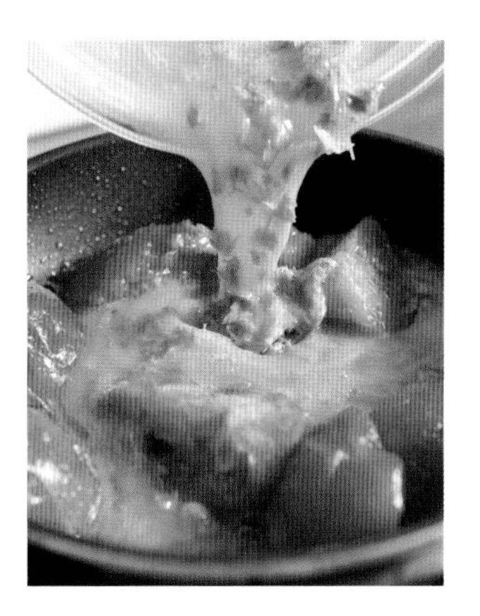

卵液を一気に流し入れ、ざっと混ぜてすぐに火を止める。

＊細かく混ぜず、ゆっくり大きく混ぜると、卵にコシが出ます。

MEMO

チャービルの代わりにバジル、木の芽、パセリ、青じそ、せり、三つ葉でも。

ARRANGE

トマト１個あれば、華やかな卵料理に。とろり半熟の黄身をソースに。

トマト目玉焼き

主材料（１人分）と下処理

卵…１個

トマト（くし形切り）…１個（150ｇ）

1 フライパンにサラダ油小さじ１を熱し、トマトを円になるように中心を空けて並べ、卵を割り入れる。卵に塩、粗びき黒こしょう各少々をふって焼く。卵が好みの半熟状になったら火を止め、器に盛る。あればバジルなどハーブを飾る。

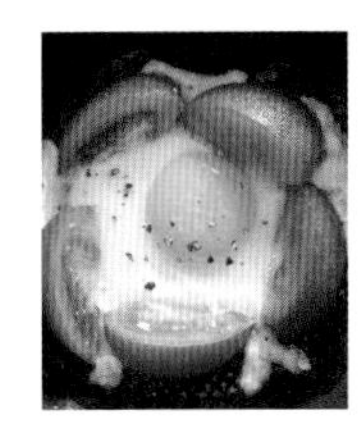

囲いを作るようにトマトを並べると、卵の形がまとまり、厚みが出せます。

トマトの皮は焼きながらむくと、湯むきする手間が省け、口当たりがよくなります。

玉ねぎオムレツ フレッシュトマトソース

甘みと食感が絶妙で、
何度作ってもおいしい、
玉ねぎのオムレツ。
オムレツはおおざっぱに焼いて、
仕上げに形がまとまれば
それでよし。

オムレツは焼きすぎないこと。半熟状で火を止めて器に盛ると、ふんわり食感に。

主材料（１～２人分）と下処理

卵…２個
⇒割りほぐして塩小さじ1/6を混ぜ、卵液を作る
玉ねぎ…1/2個（100ｇ）
⇒５㎜幅の薄切りにする

1 玉ねぎを炒める

フライパンに玉ねぎ、オリーブオイル小さじ２を入れて火にかけ、混ぜながら炒める。途中、水大さじ１、トリュフ塩（なければ塩）小さじ1/4を加え、玉ねぎに透明感が出るまで炒める。

2 卵を焼く

卵液を流し入れ、素早く全体をかき混ぜ、フライパンをゆすりながら形を整える。器に盛り、フレッシュトマトソース*をかける。好みの青み野菜（写真は三つ葉）をのせる。

〈フレッシュトマトソース（作りやすい分量）〉
トマト１個（150ｇ）を１㎝角に刻み、塩小さじ1/4、オリーブオイル小さじ1/2と合わせて10分以上おく。
＊冷蔵庫で３日間保存可能。多めに作っておくと便利。

ARRANGE

とろりとしたアボカドが卵に合う！
フレーバーソルトを混ぜて、よそゆきの味に。

玉ねぎをアボカドに

アボカドオムレツ フレッシュトマトソース

主材料（１～２人分）と下処理
卵…２個
⇒割りほぐしてトリュフ塩小さじ1/4を混ぜ、卵液を作る
アボカド…１個
⇒半分に切ってから、それぞれ６等分に切る

1 フライパンにオリーブオイル小さじ２を熱し、アボカドを炒める。表面がトロッとしてきたら、卵液を流し入れ、箸で素早く全体を混ぜ、フライパンをゆすりながら形を整える。器に盛り、フレッシュトマトソースをかける。

卵焼きや卵炒めは、余熱で火が通るので、少し早めに火からおろすとふんわりします。

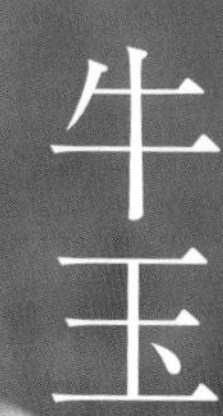

秒速で味わえる幸せ。
甘辛味のやわらかい牛肉に、
ふわとろ卵を合わせれば、
おいしくないわけがありません。

ARRANGE

ふわふわ食感の
はんぺんに、
卵の香ばしい香り。
クセになる味です。

牛肉をはんぺんに

はんぺん玉

主材料（１人分）と下処理

卵…２個
　⇒割りほぐして塩ひとつまみを混ぜ、卵液を作る
はんぺん…１枚（110ｇ）
　⇒一口大に切る
青じそ…５枚
　⇒１cm幅に切る

1 フライパンを熱してバター５ｇを溶かし、はんぺんを入れて両面をこんがりと焼く。卵液、青じそを加えて混ぜ、はんぺんにからめるようにして焼く。

主材料（２人分）と下処理

卵…３個
　⇒割りほぐして塩ふたつまみを混ぜ、卵液を作る
牛ロース肉（すき焼き用）…２枚（100ｇ）

1 卵を焼く

フライパンにサラダ油小さじ２を熱し、卵液を入れてざっと混ぜ、半熟状になったら、すぐ火を止めて取り出す。

2 牛肉を焼く

１のフライパンを火にかけて牛肉を入れ、砂糖、しょうゆ各大さじ½を加え、菜箸で上下を返しながら牛肉に火を通す。器に汁ごと牛肉を盛り、１を添え、細ねぎ（２cm長さに切る）をあしらう。

MEMO

牛肉はふんわり仕上げたいので、中火で片面をしっかり焼いてから裏返し、裏面はさっと焼きます。

はんぺん玉は、卵に焼き色がついたら裏返し、はんぺんを卵の衣で包むように焼きます。

トッピング玉子丼

ご飯にふんわり卵をのせて
好みで瓶詰め盛り放題。
見た目豪華で楽しい食べ方。

主材料（１人分）と下処理

卵…２個
　⇒割りほぐして塩ひとつまみを
　　混ぜ、卵液を作る
温かいご飯…１膳分
削り節（小）
　…½パック（約１ｇ）

1 卵を焼く

フライパンにごま油小さじ２を熱し、卵液を流し入れ、ざっと混ぜて半熟状になったら火を止める。

2 ご飯にのせる

器にご飯を盛り、削り節をのせ、1をのせる。好みの瓶詰め食材（写真はいかの塩辛、ラー油調味料）ものせ、あれば細ねぎ（小口切り）を散らす。

ご飯に削り節をのせ、卵はとろり。かんたんでも味がおいしく決まります。

しょうがたっぷり鶏卵うどん

やわらかいうどんにだしのきいたあん、
ふんわり卵がからんだ、ありがたい味。

主材料（１人分）と下処理

卵…１個
　⇒割りほぐす
だし汁…400mℓ
うす口しょうゆ…20mℓ
ゆでうどん…１玉
水溶き片栗粉
　（片栗粉大さじ１を
　水大さじ２で溶く）
　…全量

1　うどんを煮る

鍋にだし汁を沸かし、うす口しょうゆ、うどんを入れて２〜３分煮る。うどんがやわらかくなったら、器にうどんだけを盛る。

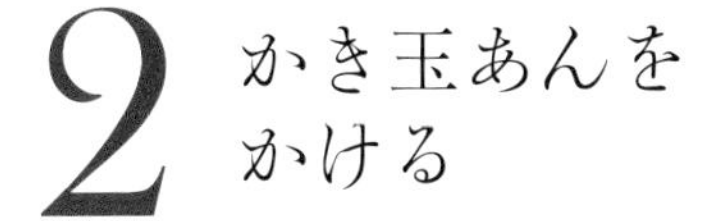

2　かき玉あんをかける

１のつゆに水溶き片栗粉でとろみをつける。煮汁が沸いているところに溶き卵を回し入れ、卵がふんわりとしたら、うどんにかける。青ねぎ（小口切り）、おろししょうがをのせる。

かき玉あんは、つゆに水溶き片栗粉でとろみをつけてから溶き卵を回し入れると、ふんわりきれいに仕上がります。

黄身で3品

漬けるだけ！ほったらかしで、ご飯にも、おつまみにも合う粋な一品に。

しょうゆ卵

材料（1人分）と作り方

卵黄1個分をおちょこなどの小さい器に入れ、しょうゆ大さじ½を入れ、冷蔵庫で3時間ほどおく。

*冷蔵庫で翌日まで保存可能。
*黄身を取り出して食べても、しょうゆごとご飯にかけて卵かけご飯にしても。

塩麹卵

材料（1人分）と作り方

卵黄1個分を入れた容器に塩麹大さじ½（約10g）を入れ、冷蔵庫で1日間おく。

*黄身を取り出して食べても、塩麹ごと焼き魚や豆腐にかけて食べても。
*塩麹に漬けたまま、冷蔵庫で5日間保存可能。

みそ卵

材料（1人分）と作り方

保存容器に白みそ適量を敷きつめ、ガーゼをのせてくぼみを作り、卵黄をのせる。上からガーゼをかぶせ、白みそ適量をのせてふたをし、冷蔵庫で3日間おく。卵黄を白みそから取り出してラップで形を整える。器に盛り、あれば木の芽を添える。

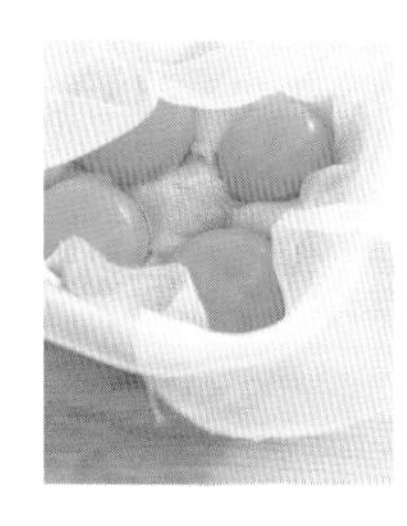

*白みそに漬けた状態で5日間保存可能。

しょうゆ卵は5時間ほどすると、卵が溶けてしまうので、形を生かす時はその前に使って。

白身で1品

残った白身はパパッと料理。
上品なうまみが
クセになる！

ホワイトオムレツ

ハムのだしっけと塩けが
白身のうまみを引き立てます。

材料（２人分）と下処理

卵の白身…４個分
ハム…50ｇ
　⇒半分に切り、
　　５㎜幅に切る
バター…10ｇ

1 混ぜる

白身は、泡立て器でかたまりを切るように軽く泡立て、牛乳大さじ２、塩ひとつまみ、ハムを混ぜ合わせる。

2 焼く

フライパンを火にかけてバターを溶かす。1を流し入れて箸で全体をかき混ぜ、まとまってきたら、フライパンをゆすりながら形を整える。器に盛り、あれば木の芽をあしらう。

白身は泡立てすぎず、かたまりをほぐすくらいに、コシは残して溶きます。

鶏ももとブロッコリーの白身あん

ふんわり煮えた鶏肉、
ブロッコリーを
なめらかな白身が引き立てます。

主材料（２人分）と下処理

鶏もも肉…小１枚（200ｇ）
　⇒一口大のそぎ切りにして塩、こしょう各適量をふり、
　　片栗粉適量をまぶす
ブロッコリー…１株（200ｇ）
　⇒花蕾は小房に切り分け、茎はかたい部分を除き、薄切りにする
卵の白身…１個分
　⇒溶いておく

1 具を煮る

鍋にブロッコリー、だし汁200mℓを入れて沸かし、うす口しょうゆ大さじ１、鶏肉を入れてふたをし、途中、鶏肉の上下を返しながら煮る。

2 白身でとじる

鶏肉に火が通ったら、白身を入れてざっと混ぜ、ふんわりとしたら火を止める。器に盛り、あれば粉唐辛子（中びき・韓国産）をふる。

すぐに使えない白身は、１個分ずつ小分けに冷凍してフライの衣をつける時に使います。

レンチン豆腐

混ぜてレンジにかけただけとは、
言わぬが花。
澄んだおつゆにふわふわ豆腐、
肉の風味がなんとも上品。

絹ごし豆腐で作るから、舌ざわりがなめらかに。水分が多い豆腐の場合は、うす口しょうゆを気持ち多めに。

ARRANGE

バジルでアレンジ

レンチン イタリアン豆腐

主材料(2人分)と下処理

絹ごし豆腐…1丁(400g)

A
- 鶏ひき肉(もも)…80g
- アンチョビー(フィレ・刻む)…2枚分
- バジルペースト(市販品)…小さじ1
- 塩…ひとつまみ

1 耐熱の器にAを入れ、よく混ぜる。豆腐を加え、つぶれるまでよく混ぜ、表面を平らにならし、汚れた部分を拭く。

2 器にふんわりとラップをかけ、電子レンジに5～6分かけ、全体に火が通ればできあがり。好みで熱湯でもどして刻んだドライトマト、アンチョビー(分量外)、オリーブ(薄切り)2～3個分をのせ、パセリ(みじん切り)、粗びき黒こしょうをふる。

主材料(2人分)

絹ごし豆腐…1丁(400g)

A
- 豚ひき肉…80g
- ごま油…小さじ1
- おろししょうが…小さじ½
- うす口しょうゆ…大さじ2

1 材料を混ぜる

耐熱の器にAを入れてよく混ぜる。豆腐を加え、つぶれるまでよく混ぜる。表面を平らにならし、器の内側の汚れた部分を拭く。

2 レンジにかける

器にふんわりとラップをかけ、電子レンジに5～6分かけ、全体に火が通ったらできあがり。あれば、青ねぎ(小口切り)、豆板醤、好みの瓶詰め食材(写真はザーサイの細切り、豆鼓のみじん切り)をのせる。

鶏ひき肉(もも)で和風豆腐も！
しょうが(みじん切り)小さじ½、長ねぎ(みじん切り)大さじ1、うす口しょうゆ大さじ2、酒小さじ1を混ぜます。

ほどよい塩けの熱々の豆腐がとろり。
少ない油ですぐ揚がるので
至福の味をぜひ。

塩豆腐のから揚げ トマトサルサソース

塩豆腐は絹ごし豆腐で作ると、なめらかな口当たりになります。

ARRANGE

とろりとした塩豆腐に
まろやかな
アボカドソースが
食感も味もぴったり。

トマトをアボカドに

塩豆腐のから揚げ アボカドソース

主材料（１人分）と下処理

塩豆腐（右の作り方１と同様に作る）
…½丁
⇒食べやすい大きさに切る
〈アボカドソース（作りやすい分量）〉
アボカド（½個・約60ｇ）
⇒６等分に切り、
フォークでつぶす
玉ねぎ（みじん切り）
…大さじ１
塩…小さじ¼
レモン汁…小さじ½
⇒混ぜ合わせる

1 塩豆腐に片栗粉適量をまぶし、170℃に熱したサラダ油で揚げ、油をきる。器に盛り、アボカドソースを添える。

主材料（２人分）

絹ごし豆腐…１丁（400ｇ）
塩…小さじ１½

1 豆腐に塩をまぶす

絹ごし豆腐に塩を手でまぶし、ペーパータオルで包んで冷蔵庫で１日間おき、塩豆腐を作る。

2 揚げる

塩豆腐½丁を食べやすい大きさに切り、片栗粉をまぶして170℃に熱したサラダ油で揚げ、油をきる。器に盛り、トマトサルサソース*を添える。

＊衣が色づいたら、豆腐は温まっているので引き上げ時。

〈トマトサルサソース（作りやすい分量）〉

トマトのすりおろし½個分（約25ｇ）、トマトケチャップ５ｇ、タバスコ少々を混ぜ合わせる。

アボカドはかたくても、つぶしているうちになめらかに。バゲットにのせたり、刺身のソースにしても。

豆腐の豆乳煮

豆腐は豆乳で煮ると、
作りたての豆腐のように
なめらかで濃厚な甘みに。

豆乳を沸かすと湯葉ができるので、沸かさない程度の火加減で。豆腐が温まったら、火を止めましょう。

ARRANGE

チキンスープに
豆腐の風味と
なめらかさが
引き立ちます。

チキンスープで洋風に

豆腐の チキンスープ煮

主材料（２人分）と下処理

A
- 絹ごし豆腐…½丁（200ｇ）
  ⇒半分に切る
- 水…200mℓ
- チキンスープの素（顆粒）
  …大さじ１

ハム…60ｇ
⇒半分に切って細切りにする
ピーマン…１個（30g）
⇒半分に切って細切りにする

1 鍋にAを入れて沸かし、ピーマンを加えて火を弱めて２～３分煮る。ピーマンがしんなりして豆腐が温まったら、火を止める。器に盛り、ハムをのせ、粗びき黒こしょうをふる。

主材料（２人分）

絹ごし豆腐…½丁（200ｇ）
豆乳（無調整）…150mℓ
うす口しょうゆ…大さじ１

1 豆腐を火にかける

鍋に豆乳、半分に切った豆腐を入れて弱火にかける。

2 味つけする

うす口しょうゆを入れ、２～３分煮て豆腐が温まったら火を止める。器に盛り、青ねぎ（小口切り）、おろししょうが、クコの実をあしらう。

ハムは最初から入れて煮るとしなしなになるので、器に盛ったスープにのせ、温める程度に。

たれ豆腐

市販のたれ調味料と豚こまを炒めるだけで
手早くご飯にも合う麻婆豆腐風のおかずに。

主材料（２人分）と下処理

木綿豆腐…１丁（400ｇ）
　⇒半分に切り、1.5cm幅に切る
豚こま切れ肉…50ｇ
　⇒食べやすく切り、塩、こしょう、片栗粉、ごま油各少々をふって混ぜる
にら…½束
　⇒３cm長さに切る
焼肉のたれ（市販品）
　…60〜80mℓ

1 炒める

フライパンにごま油小さじ２を熱し、豚肉を炒め、色が変わったら、豆腐を加えて炒める。

2 味つけする

水分がとんで豆腐が焼けたら、焼肉のたれを加えてからめる。たれを少し煮つめてとろりとしたら、ニラを加えてざっと混ぜ、火を止める。器に盛り、いりごま（白）をふる。

豆腐から出る水分をとばすと、たれが豆腐にからみやすくなります。

豆腐のみそ粕漬け

材料（作りやすい分量）と下処理

絹ごし豆腐…¼丁（100ｇ）
〈みそ床〉
酒粕…50ｇ
こうじみそ…30ｇ
⇒混ぜ合わせる

1 みそ床を作る

酒粕、こうじみそを混ぜ合わせる。

2 豆腐を漬ける

保存容器に1の半量を広げて豆腐をのせ、残りの1を広げてふたをし、冷蔵庫で3日間おく。時々様子を見てみそをなじませる。器にみそがからんだ豆腐を盛り、あればいりごま（黒）をふる。

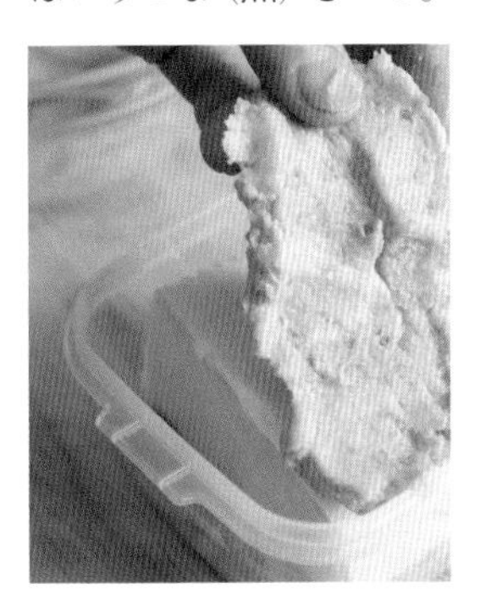

濃厚でまろやか。
まるで食べやすい豆腐よう。

酒粕がかたい時は、熱湯につけてやわらかくしてから、みそと混ぜます。

焼き油揚げ

何はなくとも京都の定番。
油揚げ１枚で、この満足感。
外は香ばしく、中はしっとりと焼きます。

材料（１人分）と下処理

油揚げ…１枚（60ｇ）
　⇒３等分に切る
青ねぎ（小口切り）、おろししょうが、
　しょうゆ、削り節…各適量

1 油揚げを焼く

フライパンを中火にかけ、油揚げを両面がカサッとするまで焼く。

2 味つけする

器に盛り、青ねぎ、しょうがをのせ、しょうゆ、削り節をかける。好みで七味唐辛子や黒七味をかけても。

MEMO

油揚げを焼く時は、油抜きはしません。

　焦げるまで焼くとカスカスになるので、そこまで焼かず、しなるくらいで止めるのが美味。

油揚げのうす葛煮

たっぷりのだしで揚げを
ふんわり煮ます。
じゅわっとあふれるだしに、
辛子の香り。

材料（2人分）と下処理

油揚げ…1枚（60ｇ）
⇒2㎝幅の短冊切り
〈煮汁〉
だし汁…200㎖
うす口しょうゆ…大さじ½
水溶き片栗粉（片栗粉大さじ½を水大さじ1で溶く）…全量

1 さっと煮る

鍋に油揚げ、煮汁を入れて煮立て、中火にして1～2分煮る。

2 とろみをつける

水溶き片栗粉でとろみをつける。器に盛り、溶き辛子をあしらう。

MEMO

とろみをつけると、
味がからみやすくなります。

だし汁で煮る時は、油揚げは短冊切りにして食べやすく。甘辛く煮る時は大きめに切り、食べ応えを出します。

チーズを挟んでケサディーア風

油揚げをカリッと焼いて、
とろりと溶けたチーズと
トマトでメキシカン。

材料（２人分）と下処理

油揚げ…１枚(60ｇ)
シュレッドチーズ…50ｇ
ピーマン…１個(30ｇ)
　⇒薄い輪切り
トマトサルサソース
　(作り方は23ページ)…適量

1 つめる

油揚げは麺棒を転がしてから、長い方の端に包丁で切り目を入れて袋状に開き、チーズをつめる。

2 焼く

フライパンを中火にかけ、1をへらで押しながら軽く焼き目がつくまで両面焼く。途中でフライパンの空いたところにピーマンを加え、一緒に焼く。油揚げにこんがりと焼き色がつき、チーズが溶けたら、食べやすく切って器に盛る。トマトサルサソースをつけていただく。

油揚げを焼く時は、チーズがとろりと溶けるのも意識しながら焼きます。

COLUMN

「なんにもないわぁ」

―冷蔵庫の断捨離は、ささやかな社会貢献―

冷蔵庫を開けてみて、そんな風に思いますよね。でもちょっと待ってください。私もそうですが冷蔵庫の中をよく見ると、毎日のご飯作りのためにこれもあったほうがいいかな、と思って買ったものがたくさん残っています。先日自宅のキッチンを改装し、工事期間の3カ月、仮の小さなキッチンで料理を作っていました。冷蔵庫は従来のものの1/3以下の大きさ、キッチンも半分の広さ、食器棚は1/4程度。必要最小限のものだけを使って生活していました。大丈夫かなぁ。と思って始めたその生活の中には実は気づきがたくさんありました。

まず食器、1/4で十分なのです。他のものは必要ないものだったのだと衝撃を受け、ときめかないもの、いつか使うと取っておいたものはメルカリで売ったり、自宅の前でご自由にお持ち帰りくださいの張り紙をつけて処分しました（まだ少し残っていますが……）。

おかげで気持ちもすっきり。そして冷蔵庫が小さくなると、容量が少ないので買い物の時点で食べきれる量を厳選して買うようになります。買った食材は切ってかさを減らして、料理できるものは先に料理をして冷蔵庫に入れる習慣がつきました。例えば、キャベツや小松菜、かぶの葉などは、洗って切ってナイロン袋に入れてストックしておけば省スペースな上にすぐに野菜が使えるので便利です。白菜ならば、38ページの白菜の甘酢あえのように料理してしまうと10cm角の保存容器に十分収まりますので、かなりスペースの節約になります。

冷蔵庫に不要なものが何もない。それは心の曇りまで取り払われるような気持ちにしてくれます。多少のストックは必要ですが、行き先のないものは、貯めないことが懸命だと思い知りました。日本の食料自給率はカロリーベースで37%しかないのに、年間650万トンの食料を廃棄しています。そのうちの4割以上が実は家庭からの廃棄物です。輸入食品の後ろにある、フードマイレージやバーチャルウオーターの話も見過ごすことは出来ません。私たちの豊かさの陰には常にたくさんの人の犠牲がある。私はいつもそう思って世の中を見るようにしています。日々の暮らしの中でできること、冷蔵庫の断捨離はささやかな社会貢献だと思います。

PART 2

野菜・果物

京都では、食材を無駄にせず、
おいしく生かす使いきりを始末と呼び、
子どもの頃から、自然にその考えに触れています。
とはいえ、半端な量が出るのが野菜や果物。
使いきらなければ、とがんばるのもストレスです。
そこで、野菜をどう生かすか、こんな食材や
調味料との組み合わせを試してみようか、
くらいでいかがでしょう。
冷蔵庫でしなびてしまう前に、
ついでに料理できるくらいのかんたんなものばかり。
翌日の一品としても助かります。

キャベツとじゃこの和風炒め

キャベツが甘い。
カリカリじゃこの塩けとだしっけで、
ご飯にも合う和の炒めもの。

ちりめんじゃこの代わりに、削り節でも。

ARRANGE

春が旬の
桜えびとキャベツは
相性がいい。さっと炒めて
彩り華やかに。

ちりめんじゃこを桜えびに

キャベツと桜えびの和風炒め

主材料（1～2人分）と下処理

キャベツ…¼個（250g）
⇒大きめのざく切りにする
桜えび…大さじ2

1 フライパンにサラダ油大さじ1を熱し、桜えびを炒め、チリチリになったら、キャベツを加えて炒め、水30～50mℓを加えて炒める。

2 キャベツがしんなりとしたら、うす口しょうゆ大さじ1を加え、炒め合わせる。器に盛り、青ねぎ（小口切り）をあしらい、辛子酢（溶き辛子小さじ½を酢大さじ1で溶く）をかけていただく。

主材料（1～2人分）と下処理

キャベツ…¼個（250g） ⇒大きめのざく切りにする
油揚げ…½枚（30g） ⇒短冊切りにする
玉ねぎ…¼個（50g） ⇒1.5cm幅に切る
ピーマン…1個 ⇒縦長の乱切りにする
ちりめんじゃこ…大さじ2

1 じゃこを炒める

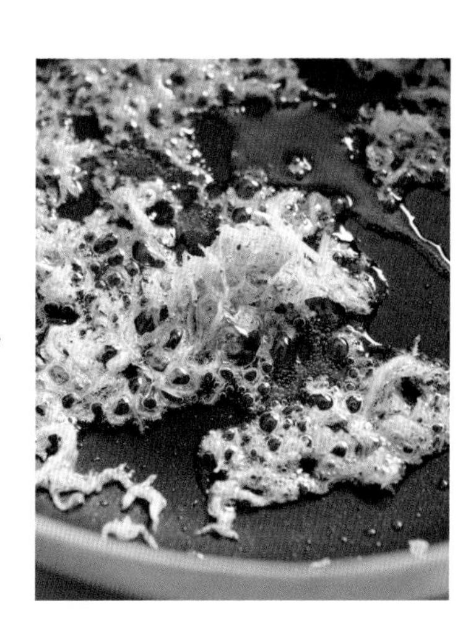

フライパンにサラダ油大さじ1を熱し、ちりめんじゃこを炒める。チリチリになったら、油揚げ、玉ねぎを加え、玉ねぎがしんなりするまで炒める。

＊ちりめんじゃこを先に炒めると、生臭みが取れ、香りが立ち、油にうまみが移ります。

2 キャベツを炒めて味つけする

ピーマン、キャベツを加えて炒め合わせ、水30～50mℓを加えて手早く炒める。野菜がしんなりとしたら、うす口しょうゆ大さじ1で味つけする。

＊長く炒めると、キャベツの色が悪くなり、ツヤが出ないので、手早く仕上げます。

炒めている途中で水を加えると、蒸気が立って高熱が回り、野菜が早くしんなりします。

和風シチュー

いつもの野菜をだし汁と
うす口しょうゆで煮ると、
澄んだスープとほろりと煮えた野菜が
体にしみ入る味わいに。

根菜がやわらかく煮えてから豚肉を入れると、ふんわり煮上がります。

ARRANGE

煮た夏野菜の甘みが楽しめます。夏バテの体にやさしいあっさり味。

夏野菜の和風シチュー

主材料（２人分）と下処理

鶏もも肉…小１枚（200ｇ）
　⇒大きめのそぎ切りにして塩、こしょう各少々をふる
玉ねぎ…½個（100ｇ）
　⇒４等分のくし形切りにする
ズッキーニ…小１本（150ｇ）
　⇒一口大に切る
かぼちゃ…80ｇ
　⇒２㎝幅に切る
トマト…１個（150ｇ）
　⇒縦半分に切る

1 鍋にだし汁300㎖、玉ねぎ、ズッキーニ、かぼちゃを入れて火にかけ、煮立ったら、うす口しょうゆ大さじ１½を加え、ふたをしてかぼちゃに竹串がスーッと通るまで煮る。

2 鶏肉に片栗粉を薄くまぶし、トマトとともに鍋に加え、再びふたをして鶏肉に火が通るまで煮る。トマトの皮がめくれたら、除く。器に盛り、粗びき黒こしょうをふる。

主材料と下処理（２人分）

豚肩ロース肉（とんカツ用）…１枚（150ｇ）
　⇒大きめの一口大に切り、塩、こしょう各少々をふる
じゃがいも…大１個（150ｇ）
　⇒半分に切る
にんじん…½本（80ｇ）
　⇒１㎝幅の輪切りにする
玉ねぎ…１個（200ｇ）
　⇒４等分のくし形切りにする
ブロッコリー…70ｇ
　⇒小房に切り分ける

1 じゃがいも、にんじん、玉ねぎを煮る

鍋にだし汁300㎖、玉ねぎ、にんじん、じゃがいもを入れて火にかけ、煮立ったら、うす口しょうゆ大さじ１½を加え、ふたをして煮る。

2 豚肉を煮る

じゃがいもとにんじんに竹串がスーッと通ったら、豚肉に片栗粉を薄くまぶし、ブロッコリーとともに鍋に加え、再びふたをする。豚肉に火が通るまで煮る。

　だし汁200㎖にうす口しょうゆ大さじ１は、何を煮てもおいしい便利な味つけです。

白菜の甘酢あえ

ほんのり甘酢味の白菜は
和洋どちらのおかずにも合う箸休め。
白菜をつぶしながら塩もみすると、
味の入りがよくなります。

ARRANGE

白菜を切って漬ける
フレッシュな切り漬け。
味つけは塩だけ。
発酵感のあるピュアな味。

白菜の切り漬け

主材料(作りやすい分量)と下処理
白菜…¼株(300g)
⇒7㎜幅に切る

1 保存袋に白菜、塩小さじ1を入れて袋の上からもみ、常温で半日〜1日間おく(冬場なら3日間ほど)。

2 漬け汁が白っぽくにごってきたら(発酵した目安)、冷蔵庫に入れる。器に盛り、あれば赤唐辛子(小口切り)をあしらう。

材料(作りやすい分量)と下処理
白菜…¼株(300g)
⇒7㎜幅に切る
塩…小さじ1
〈甘酢〉
酢…大さじ1
砂糖…大さじ½
塩…小さじ¼
⇒混ぜ合わせる
ちりめんじゃこ…大さじ1
⇒耐熱容器にごま油大さじ2とともに入れ、ラップをかけずに電子レンジに1分かける。

1 白菜を塩もみする

ボウルに白菜、塩を入れてもむ。10分以上おき、出てきた水けを軽く絞る。

2 甘酢とあえる

ボウルに甘酢、1を入れ、よく混ぜ、器に盛る。ちりめんじゃこを油ごとかける。

白菜の塩もみは、芯がやわらかくなってきたら、もむのを止め、しんなりするまで少しおきます。

白菜ご飯

ご飯、刻んだ白菜、
塩、ごま油、ごまを混ぜるだけ。
食感のいい白菜が軽やか。

主材料（1人分）と下処理

A
- 温かいご飯…150g
- 白菜の軸（みじん切り）…大さじ2
- 塩…小さじ1/4
- ごま油…小さじ1
- いりごま（白）…適量

1 ご飯に混ぜる

ボウルにAを入れて混ぜる。

2 盛りつける

器に盛り、のりの佃煮（市販品）、あれば白菜の葉（せん切りをのせ、混ぜながら、いただく。

ビビンバをかんたんにするイメージで思いついたご飯もの。白菜は他の好みの葉野菜でも。

白菜のミルク煮

白菜は、スープの味を
含ませてから、
牛乳で煮てコクのあるおかず煮に。

主材料（1～2人分）と下処理

白菜…1/8株（150ｇ）
　⇒細切りにする
ベーコン…１枚（20ｇ）
　⇒細切りにする

1 白菜を煮る

鍋に水100mℓ、チキンスープの素（顆粒）小さじ１、白菜を入れて火にかけ、しんなりとやわらかくなるまで白菜を煮る。

2 とろみをつける

ベーコンを加え、牛乳50mℓと片栗粉小さじ１をよく混ぜて加えてとろみをつけ、ひと煮立ちさせる。器に盛り、あればいりごま（黒）をふる。

白菜と相性のいい牛乳は、とろみをつけると味がからみやすくなります。

大根と牛肉の塩炒め

主材料（１～２人分）と下処理

牛こま切れ肉…100ｇ
　⇒食べやすい大きさに切る
大根…1/5本（250ｇ）
　⇒ピーラーで皮をむき、スライサーで
　　薄切りにする
大根の葉…15ｇ
　⇒小口切りにする

塩だけの味つけで、
牛肉の味が引き立ち、大根が甘い！
薄切り大根で作るから時短。

1 牛肉を酒炒りする

フライパンに酒50mℓ、塩小さじ1/4を入れて火にかけ、煮立ったら、牛肉を加えて炒りつける。火が通ったら、牛肉を取り出す。

2 大根を蒸し煮にする

汁が残ったフライパンに大根、大根の葉を入れ、ふたをして弱めの中火で蒸し煮にする。時々混ぜながら煮て、大根に透明感が出たら火を止める。器に牛肉とともに盛り合わせ、すだちを添える。

MEMO

牛肉のうまみが出た汁を大根に吸わせながら蒸し煮にします。

すだちは、皮に少々切れ目を入れておくと、果汁が搾りやすくなります。

大根を香ばしい塩きんぴらに。
炒ったえびがいい香り。

大根の皮と葉と桜えびのきんぴら

主材料（１～２人分）と下処理

大根の皮…80ｇ
⇒３～４㎝長さのせん切りにする
大根の葉…30ｇ
⇒薄切りにして５㎜ほどの幅の細切りにする
桜えび…大さじ１

1 桜えびを炒める

フライパンにごま油大さじ１を中火で熱し、桜えびがカリッとするまで炒める。

2 大根の皮、葉を炒める

大根の皮、葉を加えて炒め、皮がしんなりとしたら塩小さじ¼で味をととのえる。器に盛り、粗びき黒こしょうをふる。

MEMO

ごま油で桜えびが香ばしくなるまで炒めてから野菜を加えると、臭みが移らず、おいしくなります。

夏の時期の大根は特に皮がかたいので、細いせん切りにします。

かぶと豚肉の卵炒め

シャキシャキのかぶが
みずみずしく、あっさり
やさしい味のおかず炒めです。

味が変わってしまうので、炒めるのは火の通りにくいものから。豚肉、かぶ、葉、卵の順に。

かぶの葉が
濃厚なXO醤で
パンチのきいた
おかずに。

かぶの葉の
XO醤炒め

主材料(作りやすい分量)と下処理

かぶの葉
…1～2個分(100g)
⇒3cm長さに切り、
茎と葉に分ける
XO醤…大さじ1

1 フライパンにごま油大さじ1、XO醤を入れ、香りが立つまで炒める。かぶの葉を茎から加えて炒め、しんなりとしたら、葉を加えてざっと炒める。味をみて足りなければ、しょうゆで味をととのえる。

主材料(1～2人分)と下処理

かぶ…1個分(130～150g)
⇒半分に切って薄切りにする
かぶの葉…½～1個分(50g)
⇒3cm長さに切る
豚こま切れ肉…80g
⇒食べやすい大きさに切り、塩、こしょう各少々をふる
溶き卵…1個分

1 炒める

フライパンにごま油小さじ2を熱し、豚肉を炒め、豚肉が白くなったら、かぶを加えて炒める。かぶに透明感が出てきたら、かぶの葉を加えて炒め合わせる。

2 味つけして卵でとじる

葉がしんなりとしたら、うす口しょうゆ大さじ½で味をととのえ、溶き卵を回し入れて菜箸で混ぜ、半熟のうちに火を止める。器に盛り、削り節をかける。

XO醤はごま油で炒めると、生臭みがとび、香り、辛み、うまみがぐっと引き立ちます。

セロリの葉の天ぷら

セロリの葉を集めておきたくなるほどのおいしさ。
衣はサクサク。セロリの葉は甘く、香りよく。

主材料（１人分）と下処理

セロリの葉…10ｇ
⇒食べやすい大きさに手でちぎる

〈衣〉
小麦粉…20ｇ
水…30ｇ
⇒粗く溶く

1 衣をつける

セロリの葉に薄く小麦粉をまぶし、衣にくぐらせる。

＊衣は水と小麦粉を混ぜたしゃばしゃばの衣。混ぜ具合は右の写真くらい。

2 揚げる

170℃のサラダ油でカラッと揚げ、油をきり、塩をふる。

＊揚げる時には高い温度ではなく、160～170℃で。

＊葉を衣にくぐらせ、１枚ずつ油に入れて揚げる。

卵を使わず、小麦粉を水で溶いて衣にすると、天ぷらがサクッと揚がります。

セロリの葉の佃煮

セロリの葉だから、深みのあるおいしさに。
食べた人から何？と聞かれるほど好評。

主材料（作りやすい分量）と下処理

セロリの葉
（細い茎の部分も使う）
…1～2本（100ｇ）
⇒粗く刻む
塩昆布…大さじ1（6～7ｇ）

1 煮立てた煮汁にセロリを入れる

小鍋に酒大さじ2、しょうゆ大さじ1、砂糖大さじ½を入れて煮立て、セロリの葉を入れる。

2 塩昆布とさっと煮る

菜箸で混ぜながら煮る。しんなりとしたら塩昆布を加え、煮汁がほぼなくなるまで混ぜながら煮る。

セロリの葉や茎がしんなりするまでは焦がさないように。焦げの苦みが味に移ってしまいます。

なすのポン酢マリネ

香ばしい、なめらかななすを
キリリとしたポン酢で
さっぱりと。

主材料（２人分）と下処理

なす…３本（300ｇ）
　⇒しま目に皮をむき、長さを半分に切ってから４等分に切り、水に５分さらして水けを拭く
ポン酢しょうゆ…大さじ２

1 なすを揚げ焼きにする

フライパンに多めのサラダ油を熱し、なすを揚げ焼きにする。なすがしんなりとやわらかくなったら、保存容器に移す。

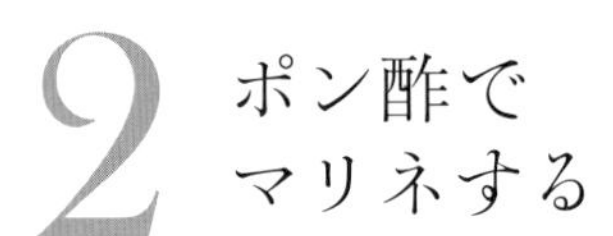

2 ポン酢でマリネする

温かいうちにポン酢をふりかけ、そのまま冷ます。器に盛り、おろししょうがをあしらう。

MEMO

漬けて30分以上から食べられ、
ひと晩漬けてもよい。

なすを素揚げ、揚げ焼きする時には、皮から揚げると色がきれいです。

丸ごとピーマンの蒸し焼き

主材料（２人分）と下処理

ピーマン…５～８個（150ｇ）
⇒竹串で皮を数カ所刺す
しょうゆ…大さじ１

1 ピーマンを蒸し焼きにする

フライパンにピーマン、ごま油大さじ１を入れ、ふたをして強めの弱火にかけ、時々、裏返しながら焼く。

2 しょうゆをかける

しんなりと焼けたら、しょうゆを回しかけて火を止める。器に盛り、削り節をかける。

ピーマンは切らずに
丸ごと蒸し焼きにするのが一番。
みずみずしく、へたも種も食べられます。

ピーマンは切らずに丸ごと火を入れると、中が蒸し焼きになり、ジューシーな仕上がりに。

みょうが、貝割れ、青じそ、きゅうりの甘酢あえ

材料（１人分）と下処理

みょうが…１個
　⇒縦半分に切り、
　　斜め薄切りにする
貝割れ菜…½パック（15ｇ）
青じそ…２～３枚
　⇒細切り
きゅうり…１本（80ｇ）
　⇒細切り
〈甘酢〉
　酢、砂糖…各大さじ½
　塩…ひとつまみ
　　⇒混ぜ合わせる

1 香味野菜を塩もみする

ボウルにみょうが、貝割れ菜、青じそ、きゅうり、塩小さじ½を入れて少ししんなりするまでもみ、10分おく。

2 甘酢であえる

1の水けを絞り、甘酢であえる。器に盛り、いりごま（白）をふる。

塩もみするから、
きゅうりがいい食感に。
あっさりさわやかで
後を引く副菜。

きゅうりの水けは絞りすぎないこと。パサパサになり、うまみも抜けてしまいます。

ご飯を混ぜながら、柚子のいい香り。
香味野菜の食感と香りで、魚がなくても十分満足。

みょうが、貝割れ、青じその香りずし

主材料（２人分）と下処理

みょうが…１個
　⇒縦半分に切って斜め薄切りにする
貝割れ菜…¼パック（７～８ｇ）
　⇒粗みじん切りにして水にさらす
青じそ…２～３枚
　⇒粗みじん切りにして水にさらす
温かいご飯…１合弱（280ｇ）
〈柚子甘酢〉
　柚子果汁…大さじ２
　砂糖…大さじ１
　塩…小さじ½
　　⇒混ぜ合わせる

1 すし飯を作る

ボウルにご飯を入れて柚子甘酢をかけ、全体に行き渡るように混ぜ、冷ます。

2 香味野菜を混ぜる

みょうが、貝割れ菜、青じその水けを絞ってご飯に混ぜ合わせる。器に盛り、酒盗（市販品）をのせ、貝割れ菜（分量外）をあしらう。

酢の代わりに柚子果汁を使うので、甘さは控えめにしています。

紫玉ねぎのマリネ

食感よくあっさりして
食べ飽きず、華やか。
使い勝手のいい野菜おかずの作りおき。

材料(作りやすい分量)と作り方

紫玉ねぎ…大½個(150g)
〈甘酢〉
| 酢、砂糖…各大さじ1
| 塩…小さじ¼
⇒混ぜ合わせる

1 玉ねぎを切る

水を張ったボウルの上にスライサーを置き、紫玉ねぎを横向きにスライスする。水に5分さらして水けを絞る。

2 甘酢でもむ

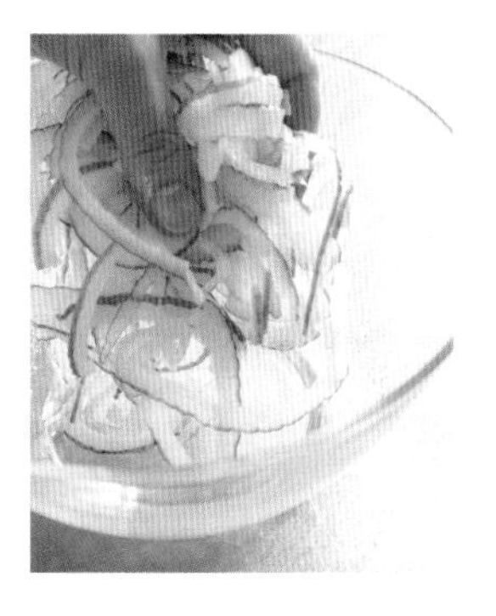

1を甘酢に入れて軽くもみ、30分以上おく。

＊酢に漬けて色がきれいになる頃には、辛みが抜けています。

2～3週間保存できるので、たくさん作ると便利。時間が経つごとに色もきれいに。

フライパンローストポーク 紫玉ねぎのマリネ添え

主材料（１人分）と下処理

豚肩ロース肉（とんカツ用）
…１枚（150ｇ）
⇒筋切りして包丁の背でたたき、塩、こしょう各少々をふる

ブロッコリー…70ｇ
⇒小房に切り分ける

しいたけ…２枚
⇒石づきを除く

1 肉と野菜を焼く

フライパンを火にかけて豚肉を焼く。片面が焼けたら裏返し、ブロッコリー、しいたけを加え、野菜に塩少々をふってふたをし、時々様子を見ながら豚肉に火が通るまで蒸し焼きにする。

2 マリネを添える

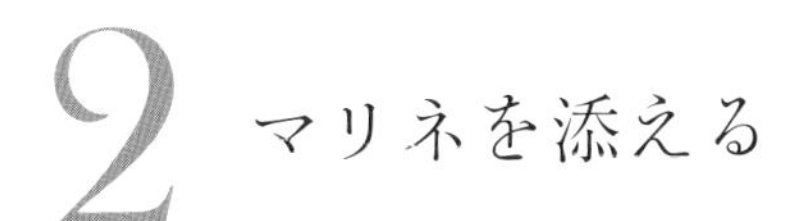

器に豚肉を盛り、粗びき黒こしょう少々をふり、ブロッコリー、しいたけを盛り合わせ、紫玉ねぎのマリネ（作り方は52ページ）を添える。

ジューシーに焼いた
豚肉の脂に、紫玉ねぎのマリネはほんとに合うんです。

豚肉はこんがり焼けるまで、触らない。蒸し焼きにして肉をジューシーに仕上げます。

れんこんののりたらこ炒め

主材料（1～2人分）と下処理

れんこん…150ｇ
たらこ…１腹（50ｇ）
⇒薄皮を除く
焼きのり（全形）…１枚
⇒手でちぎる

1 れんこんを切る

水を張ったボウルの上にスライサーをのせ、れんこんを横向きに薄切りにする。水に５分ほどさらして、ざるに上げて水けをきり、ペーパータオルで拭く。

2 炒める

フライパンにごま油大さじ１を熱し、れんこんを炒め、しんなりしてきたら、うす口しょうゆ小さじ１を加える。たらこを加えて炒め合わせ、のりを加えてざっと混ぜ、火を止める。

たらこの塩けで、
れんこんの甘みが引き立ちます。
輪切りにして見た目華やかに。

たらこは炒めすぎると、おいしさ半減。少ししっとり感が残る程度の火入れで。

辛子が香る衣に、
シャキシャキと食感のいい
ほんのり甘いれんこんが。

れんこんの辛子天ぷら

主材料（２人分）と下処理

れんこん…150ｇ
　⇒皮つきのまま１㎝幅に切る
〈辛子衣〉
　小麦粉…40ｇ
　水…50ｇ
　粉辛子…小さじ２
　塩…小さじ¼
　　⇒よく混ぜ合わせる

1 れんこんに辛子衣をつける

れんこんに小麦粉を薄くまぶし、辛子衣にくぐらせる。
＊よく混ぜたもったりとした衣のほうがおいしい。
＊れんこんの厚みは、７㎜〜１㎝。揚げるのに時間がかかりません。

2 揚げる

170℃のサラダ油でカラッと揚げ、油をきる。

MEMO

衣に味がついているので、そのまま食べておいしい。好みでしょうゆをつけても。

辛子れんこんを家で作るとしたら、という発想が、予想以上にいいレシピに。

ごぼうのコンフィ

やわらかく香りよく、うまみが凝縮した味。ビストロの逸品が家で作れます。

主材料（作りやすい分量）と下処理

ごぼう…１～２本（100ｇ）
⇒皮をよく洗う

1 ごぼうを切る

ごぼうは５cm長さに切り、大きければ縦半分に切る。

2 油で煮る

フライパンにごぼう、ひたひたのサラダ油を入れてごく弱火にかけ、40～50分煮る。油をきり、塩少々をふる。器に盛り、好みで粉唐辛子や粉山椒をふる。

火加減は、ごぼうから細かい泡がシュワシュワあがるくらい。温度が上がったら火からはずして少し冷まし、また火にかけます。

主材料（２人分）と下処理

牛こま切れ肉…100ｇ
　⇒食べやすい大きさに切る
ごぼう…１～２本（100ｇ）
　⇒斜め薄切りにし、水に５分ほどさらし、ざるに上げて水けをきる

1 牛肉を煮る

鍋に酒50mℓ、しょうゆ大さじ２、砂糖大さじ１を入れて中火にかけ、煮立ったら牛肉を加えて菜箸で混ぜる。

2 ごぼうを煮る

牛肉の色が変わったら、ごぼうを加えてふたをする。時々混ぜながら、ごぼうがしんなりとするまで煮る。器に盛り、あれば粉山椒をふる。

牛肉ごぼう

噛んであふれる
牛肉のうまみとごぼうの香り。
この組み合わせは甘辛味が鉄板です。

ごぼうは、しんなりするまで、しっかり火を入れます。

さつまいもの肉巻きペッパー風味

主材料（２人分）と下処理

さつまいも…小１本(160ｇ)
⇒皮つきのまま１cm厚さの輪切りにし、水に５分ほどさらして水けをきる
豚バラ薄切り肉…約100ｇ
⇒長ければ、巻きやすい長さに切る

1 さつまいもに豚肉を巻く

さつまいもは耐熱容器に入れてふんわりラップをかけ、電子レンジに４分かけて火を通し、粗熱をとる。豚肉を巻きつけ、塩少々を全体にふる。

＊さつまいもは火の通りに時間がかかるので、レンジ加熱で時短。

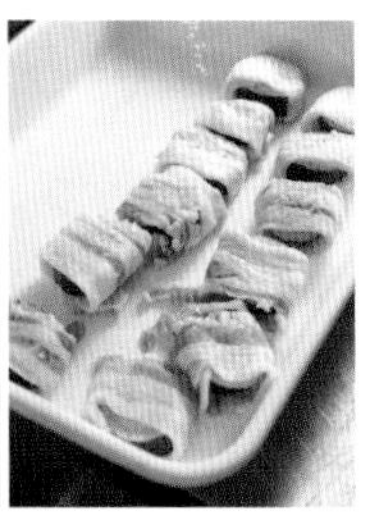

豚肉とさつまいもは相性抜群。
香ばしくて甘くてスパイシーで
クセになる味。

2 焼く

フライパンを火にかけ、１の肉巻きを巻き終わりを下にして並べ入れ、ふたをして蒸し焼きにする。途中で裏返し、全体がこんがりと焼けたら、器に盛る。粗びき黒こしょうをふり、チャービルなどの好みの青み野菜を飾る。

豚バラから脂を出しながら、カリッと焼きます。

かぼちゃご飯

かぼちゃは炊き込みご飯にすると、あっさり食べられ、彩りがきれい。

主材料（２人分）と下処理

かぼちゃ…120ｇ
　⇒大きめの一口大に切る
米…１合
水…200mℓ
塩…小さじ½

1 米にかぼちゃをのせる

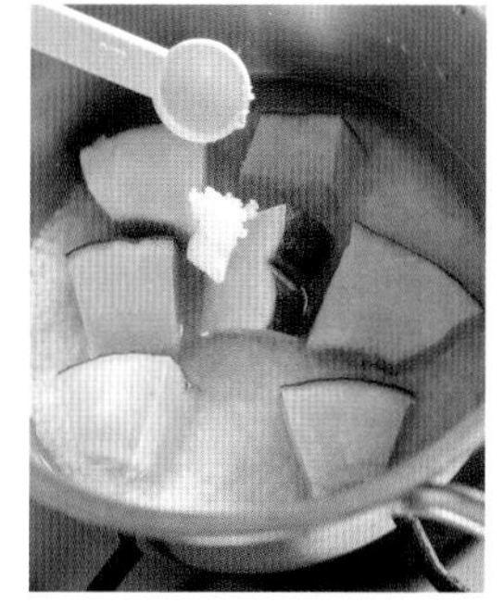

米は洗ってざるに上げ、30分おく。鍋に米、水、塩、かぼちゃを入れて混ぜ、中火にかける。

＊かぼちゃは小さく切ると溶けてしまうので大きめに切る。

2 ご飯を炊く

沸騰したら鍋底を菜箸でこすり、ふたをして火を弱めて10分炊く。火を止めて10分蒸らしたら、全体を混ぜる。茶碗によそい、バターをのせ、しょうゆを回しかける。

＊炊飯器でも普通に炊いてもよい。
ご飯１杯に対してバター約５ｇ、しょうゆ小さじ½くらいがいい味加減。

じゃがいもの薄甘煮

ほんのり甘くほろりと
煮えたじゃがいもは、
ついつい食べて
また食べたい。

主材料（２人分）と下処理

じゃがいも…２個（250ｇ）
⇒２㎝角に切る

A | だし汁…100〜120mℓ
　| 砂糖…大さじ１½

うす口しょうゆ…大さじ½

1 じゃがいもを煮る

鍋にじゃがいも、Aを入れてふたをして火にかけ、じゃがいもをほっくりと煮る。

＊先に砂糖を入れて煮ると味が入りやすく、やわらかくなる。

2 味つけする

うす口しょうゆを加え、煮汁がほぼなくなるまで混ぜながら煮つめる。器に盛り、こしょうをふる。

MEMO

煮汁の水分量は材料の高さの80%くらいに。水っぽくならず、ほくほくとします。

この料理には、男爵やキタアカリがむいています。

とろろを豆乳で煮ると、
クリーミーでコクのある
腹持ちのいいスープに。

長芋豆乳スープ

主材料（１～２人分）と下処理

長芋…正味70ｇ
　⇒ピーラーで皮をむく
豆乳（無調整）…150mℓ

1 豆乳と長芋をよく混ぜる

小鍋に豆乳を入れ、長芋をおろし入れてよく混ぜる。

2 煮る

火にかけて温め、沸騰直前に火を止め、塩小さじ½で味をととのえる。器に盛り、粗びき黒こしょうをふる。
＊絶対に煮立てないこと。

長芋の量は好みで。量が増えると濃厚になります。

バジルと豚肉の炒めもの

ご飯にもパンにも合う
辛くないガパオ風。
豚肉の塩は強めがおいしい。

主材料（１人分）と下処理

バジル…小１パック（20ｇ）
⇒粗く刻む
豚こま切れ肉…80ｇ
⇒食べやすい大きさに切る

1 豚肉に下味をつける

豚肉に塩、こしょう、おろしにんにく各少々をまぶす。
＊塩は強めにふり、下味は手でもみ込む。

2 炒める

フライパンにサラダ油小さじ２を中火にかけ、豚肉を炒める。豚肉が白くなったら、バジルを加えてざっと炒める。器に盛り、粉唐辛子をふる。

豚肉はしっかり焼き目がつくまでよく焼き、脂が出てチリチリしてきたら、バジルを入れ手早く仕上げます。

青じそ、納豆、トマト炒め

主材料（１人分）と下処理

青じそ…10枚
　⇒横半分に切ってから
　　１cm幅に切る
トマト…１個（150ｇ）
　⇒２cm角に切る
納豆…１パック（40ｇ）

1 納豆を炒める

フライパンにオリーブオイル小さじ１を入れて火にかけ、納豆を菜箸で混ぜながら炒め、糸のひきがおさまってきたらトマトを加える。

2 味つけする

しょうゆ小さじ１で味をととのえ、青じそを加えてざっと炒める。器に盛り、あれば溶き辛子を添える。

炒めた納豆が香ばしい。
青じそは仕上げに炒めて
香りを残します。

青じそは１cm幅に切ると、他の具となじみやすく、存在感が出ます。

じゃがいもとさば缶・パセリソース

主材料（2～3人分）と下処理

じゃがいも…2個(250ｇ)
⇒大きめの一口大に切る
さばの水煮缶
…1缶(固形量･140ｇ)
⇒汁けをきる
〈パセリソース(作りやすい分量)〉
- パセリの葉…20ｇ
- オリーブオイル…50mℓ
- にんにく…1片
- レモン汁、塩…各小さじ½

1 パセリソースを作る

パセリソースの材料をハンドブレンダー（もしくはミキサー）にかけ、なめらかになるまで回す。

2 じゃがいもをゆでソースをかける

小鍋にじゃがいも、かぶるくらいの水、塩ひとつまみを入れて火にかけ、ふたを斜めにかけて煮る。やわらかくなってきたら、ざるに上げてすぐ器に盛り、さば缶を盛り合わせる。マヨネーズ、パセリソースをかける。

じゃがいもとさば缶が
さわやかなパセリソースで
軽やかに食べられます。

パセリソースは水を入れずに作ると保存性が高まります。清潔な保存容器に入れて、1カ月間ほど冷蔵保存可能。

郵 便 は が き

料金受取人払郵便

豊島局承認

7387

差出有効期間
2021年9月30日まで
（切手不要）

170-8789

東京都豊島区東池袋3-1-1
サンシャイン60内郵便局
私書箱1116号

株式会社 高橋書店
書籍編集部 ⑯ 行

※このはがきにご記入いただいた個人情報ならびにご意見は、弊社で責任をもって管理したうえで、弊社出版物の企画等の参考にさせていただきます。なお、以下の項目は任意でご記入ください。

お名前	年齢： 歳 性別： 男 ・ 女
ご住所 〒 －	
電話番号 － －	Eメールアドレス
ご職業 ①学生 ②会社員 ③公務員 ④自営業 ⑤主婦 ⑥無職 ⑦その他（	

弊社発刊の書籍をお買い上げいただき誠にありがとうございます。皆様のご意見を参考に、よりよい企画を検討してまいりますので、下記にご記入のうえ、お送りくださいますようお願い申し上げます。

ご購入書籍　**大原千鶴のすぐごはん　冷蔵庫にあるもので**

A 本書を購入されたきっかけは何ですか
1 店頭で実物を見て　2 弊社のホームページを見て
3 知人にすすめられて　4 その他（　　　）

B 本書を購入された決め手は何ですか（複数回答可）
1 おいしそうだと思った　2 簡単に作れそうだと思った
3 和食の本を探していた　4 著者の本を探していた
5 その他（　　　）

C 本書の以下の点についてご意見をお聞かせください

タイトル	1 良い	2 普通	3 悪い
表紙	1 良い	2 普通	3 悪い
価格	1 安い	2 適正	3 高い（希望価格：　　円）
内容	1 わかりやすい	2 普通	3 わかりにくい
レシピの数	1 適当	2 多すぎる	3 少なすぎる
判型	1 適当	2 大きすぎる	3 小さすぎる

今後購入したいと思う料理本の内容についてお聞かせください

今までに購入して良かった料理本と、その理由をお聞かせください
書名：　（出版社：　　）
理由：

本書についてのお気づきの点、ご感想などをお聞かせください

ご協力ありがとうございました。

パセリとじゃこのチヂミ

パセリのおいしい使いきり。
たっぷりのパセリが
あっという間になくなります。

主材料（１～２人分・約５～６枚分）と下処理

パセリ（みじん切り）…20ｇ
ちりめんじゃこ…大さじ１
〈生地〉
｜小麦粉…50ｇ
｜水…100mℓ

1 生地を作る

ボウルに生地の材料を入れて泡立て器で混ぜ、パセリ、ちりめんじゃこを加えて菜箸でざっくりと混ぜる。

2 焼く

フライパンにごま油大さじ½を入れて中火にかけ、1を流し入れ、小さめに丸く焼く。表面が乾いてきたら裏返し、こんがり焼けたら揚げ網に取り出し、蒸気を逃がす。器に盛り、ポン酢しょうゆをつけていただく。

小麦粉と水だけの生地なので、ごま油を多めにすると、カリッと焼けます。

すいかの皮の中華風

ほんのり甘くて、瓜より
食べやすい。あっさりと食感がよく、
わが家ではすいかの皮が人気です。

主材料（作りやすい分量）と下処理

すいかの皮…200ｇ
⇒外側の緑の部分を除き、薄切りにする

A | 酢、うす口しょうゆ…各大さじ½
ごま油…少々
⇒混ぜ合わせる

1 すいかを塩もみする

ボウルにすいかの皮を入れ、塩小さじ½をまぶしてもむ。10分ほどおき、出てきた水けを絞る。

2 あえる

1をAであえる。器に盛り、あればいりごま（白）をふる。

砂糖を使わず、すいかの甘みで甘酢風の味に。

すいかの皮と油揚げのみそ汁

色がきれいで、大根のように
あっさりと食べられる具。
ほんのり甘みがみそに合います。

材料（２人分）と下処理

すいかの皮…100ｇ
　⇒外側の緑の部分を除き、
　　薄切りにする
油揚げ…20ｇ
　⇒短冊切りにする
だし汁…300㎖
みそ…10～20ｇ

1 すいかを塩もみする

ボウルにすいかの皮を入れ、塩小さじ½をまぶしてもむ。10分ほどおき、出てきた水けを絞る（66ページと同様）。

2 煮る

鍋にだし汁、すいかの皮を入れて煮立て、油揚げを加えて１～２分煮てみそを溶き入れる。好みで仕上げに刻み青ねぎ、粉山椒をあしらう。

煮ると白い皮に透明感が出て赤い色とのコントラストがきれい。味は太鼓判です。

焼きりんご

主材料(2人分)と下処理

りんご…1個
　⇒皮つきのまま横に薄切りにし、芯をくり抜く
バター…10g
砂糖…大さじ½

1 りんごを焼く

フライパンにバターを入れて火にかけ、りんごを入れてふたをする。途中で上下を返し、両面をこんがりと焼く。

2 砂糖をからめる

ふたをはずして砂糖をふり、溶けた砂糖をりんごにからめる。器に盛り、シナモンシュガーをふり、あればミントの葉をあしらう。

＊焼き加減は、好みのやわらかさで。

1切れでも、少し茶色くなっても
バターとシナモンの香りで
びっくりするおいしさに。

りんごの芯は、ワインのスクリューキャップなどで押して抜くとかんたんです。

煮りんご

やわらかいりんごから蜜の香り。
すぐになくなるほど人気です。

材料(作りやすい分量)と下処理

りんご…２個
　⇒４～６等分のくし形切りにし、むいた皮も少しとっておく
砂糖…大さじ４

1 生地を作る

鍋にりんごを入れて皮を上にのせ、砂糖をまぶして、りんごに砂糖がなじみ、水分が出るまで３時間以上おく。

＊りんごが古くて水分が少なければ、水を50mℓほど足す。

2 煮る

ふたをして火にかける。水分が沸いたら、少し火を弱め、りんごがしんなりするまで時々様子を見ながら、好みのやわらかさまで煮る。

＊清潔な保存容器に入れて冷蔵庫で４～５日間は保存可能。

バターなどの油分が入っていないので、作りおきに。ヨーグルトやパンやアイスクリームにのせても。

淡い甘さの白あえ衣は
フルーツとよく合います。
特にぶどうは、酸味と
発酵感があって
余韻のある味に。

ぶどうの白あえ

ごまの香りと甘じょっぱさが
食感のいいみずみずしい
なしにぴったり。

材料(２人分)と下処理

〈白あえ衣〉

絹ごし豆腐…¼丁（100ｇ）
⇒ペーパータオルで包み重しをして、高さが半分くらいになるまで水をきる

A｜練りごま（白）、砂糖…各大さじ½
　｜塩…小さじ¼

ぶどう（種なしの巨峰かピオーネ）…小½房（10粒・約150ｇ）
⇒なり口から皮にそって竹串を刺して、実の間をしごくように一周させて、実を押し出す

1 白あえ衣を作る

ボウルに豆腐、Aを入れ、泡立て器でなめらかになるまで混ぜる。

2 ぶどうをあえる

1にぶどうを加えて混ぜ、器に盛り、あればいりごま（黒）をふる。

いちじくを白あえにして、
柚子こしょうの香りを。
おかず感が出ます。

いちじくの白あえ

主材料（１～２人分）と下処理

いちじく…１個(100g)　⇒４等分に切る
絹ごし豆腐…¼丁(100g)
　⇒70ページと同様に水きりする
A｜練りごま(白)、砂糖…各大さじ½
　｜塩…小さじ¼

1 白あえ衣を作る

ボウルに豆腐、Aを入れ、泡立て器でなめらかになるまで混ぜる（70ページと同様）。

2 いちじくにかける

器にいちじくを盛り、1をかけ、柚子こしょうをのせ、あえながら食べる。

なしのごまあえ

材料（１～２人分）と下処理

なし…¼個（正味90g）
　⇒細めの拍子木切りにする
A｜すりごま（白）…大さじ1
　｜うす口しょうゆ…小さじ1
　｜粉唐辛子（中びき・韓国産）…適量

1 なしとあえ衣を混ぜる

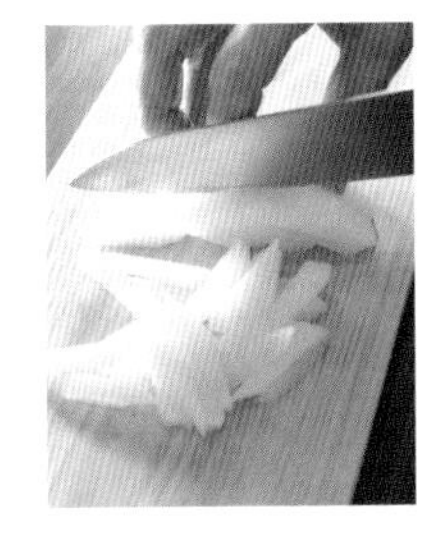

ボウルになし、Aを入れ、よく混ぜる。器に盛り、あれば青柚子の皮のすりおろしを散らす。

なしをあえものにする時には、拍子木切りにすると味がからみやすく、食べやすくなります。

ドライフルーツの豚肉煮込み

材料（２人分）

豚肩ロース肉（とんカツ用）…２枚（約220ｇ）
⇒３～４等分に切り、塩、こしょう各少々をふり、小麦粉適量をまぶす

A
- ドライフルーツ（今回は白いちじく３個、種抜きプルーン６個を使用）…合計100ｇ
- 玉ねぎ…１個　⇒くし形切りにする
- にんじん…60ｇ　⇒１cm幅に切る

1 豚肉を焼いて鍋に入れる

フライパンにサラダ油小さじ２を中火で熱し、豚肉を入れて両面を香ばしい色がつくまで焼く。A、水200mℓ、鶏ガラスープの素（顆粒）小さじ２を加えて火にかける。

2 煮て味つけする

煮立ったらアクを除き、ふたをして弱火で煮る。豚肉と野菜に火が通ったら、しょうゆ大さじ１で味をととのえ、玉ねぎがしょうゆ色になるまで15～20分煮る。器に盛り、ゆでた絹さやを添える。

ARRANGE

ドライフルーツのヨーグルト漬け

容器に残ったヨーグルトにドライフルーツを入れてひと晩おくだけ。

豚肉を焼いてから煮ると、香ばしさが煮汁に溶け出し、おいしくなります。

食べやすい。手が汚れない

柑橘の切り方

皮をむいて切っておけば、手が汚れず、ぐんと食べやすくなります。
皮は手より包丁でむくほうが時間がかからずラク。
気のきいた器に盛るだけで、おもてなしの場にも。
みずみずしい果汁とむきたての香りに元気が出ます。

1 皮をむく

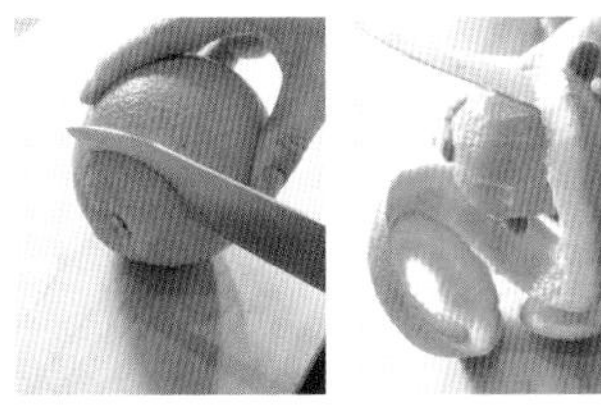

薄皮に刃をそわせるようにして、白いワタが残らないように皮をむく。

2 切る

芯を避けながら縦に切って、それぞれ長さを半分に切る。

食べやすい一口サイズ

1 皮をむく

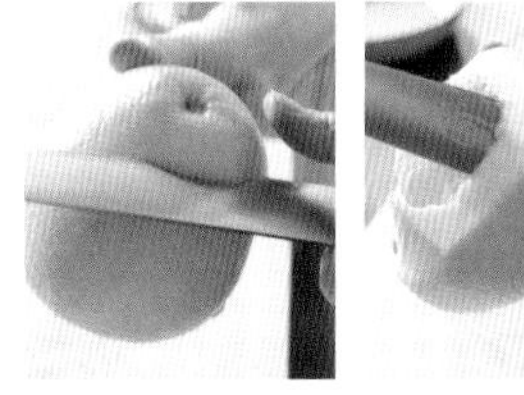

薄皮に刃をそわせるようにして、白いワタが残らないように皮をむく。

2 身をはずす

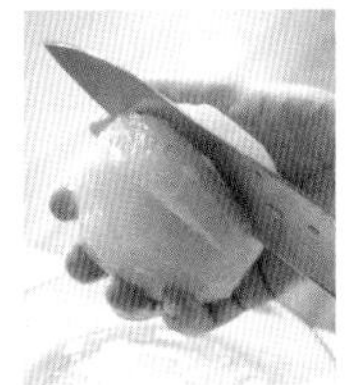

薄皮と身の際に包丁を入れ、実を切り離す。この時、下に盛りつける器を置き、落ちる果汁を受ける。

器に盛るだけでエレガントに

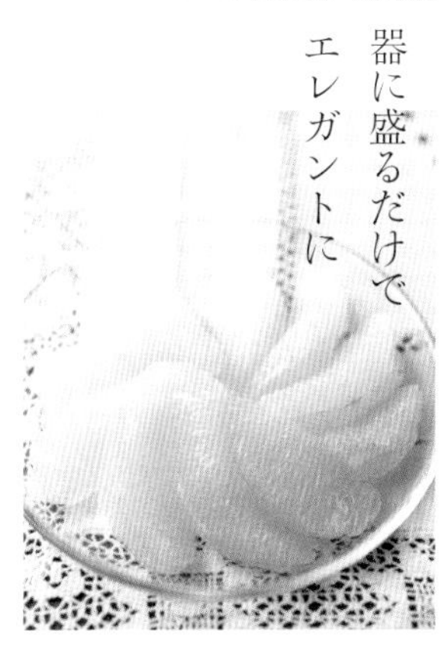

1 輪切りにする

2cm幅ほどの輪切りにする。

2 切り込みを入れる

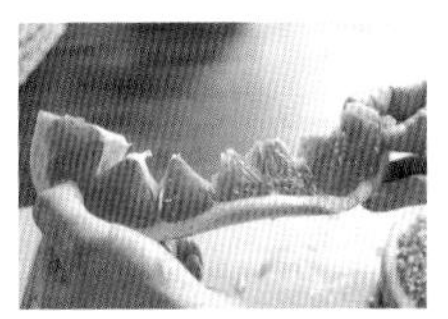

切り込みを1カ所入れて手で広げる。

手づかみでき、カジュアル

冷凍もんの肉・魚

PART 3

肉や魚の冷凍は、あまりしませんが、
忙しい時や、少量が残った時にはやっぱり便利。
まるで冷凍していなかったかのように
おいしくいただきたいので、
ふっくら・ふんわり・しっとり仕上がるように
料理します。
思い立った時に、おかずになる肉・魚料理が
用意できるのが、冷凍ストックのいい点です。

肉の冷凍

積極的に冷凍はしませんが、特売で多めに買った時や使いきれない時には、無理して食べるよりは、冷凍を。いずれの肉も調理しやすい単位で切り分けて保存袋に入れ、凍りやすく、解凍しやすいように平たくして冷凍します。

冷凍する

鶏むね肉

パサつきやすい鶏むね肉は、薄めのそぎ切りにしてから、甘酒をからめて冷凍すると、食べやすくなります。解凍する時に加熱ムラが出るので、皮は除いて冷凍します。

1 切る

皮を除き、7㎜幅くらいの一口大のそぎ切りにする。

2 もむ

保存袋に甘酒、しょうが、しょうゆなどとともに入れて袋の上からもむ。

3 冷凍する

バットにのせ、平らにして冷凍する。

鶏もも肉

鶏もも肉も切らずに1枚冷凍するより、使いやすい大きさに切ってから冷凍します。鶏むね肉よりはパサつかないので、他のおかずに合わせて味は決められるよう、味つけせずに冷凍します。

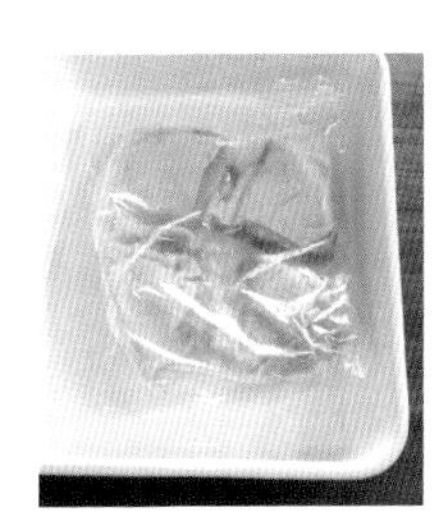

1 切って冷凍する

皮つきのまま、4等分に切って保存袋に入れて平らにして冷凍する。

解凍しながら、調理する

完全に自然解凍したり、電子レンジ解凍した後に加熱すると、肉からうまみが流れ出やすくなり、パサつきやすくなるので、電子レンジで半解凍（刺身モード）してから、調理します。調理方法は、煮るか、フライパン蒸しがおすすめ。肉がしっとり仕上がります。

半解凍して蒸し焼きにしてしっとり

野菜を下に蒸し焼き

火の当たりがやわらかく、野菜からも蒸気が出る。

鍋に入れて煮る

気を使わずに解凍できる。加熱ムラも出にくい。

鶏肉のしょうゆ焼き

材料（２人分）と下処理

鶏もも肉（冷凍）…１枚（300ｇ）
⇒電子レンジで半解凍する

A
酒…50mℓ
しょうゆ…大さじ1½
砂糖…大さじ½

B
長芋…100ｇ
⇒皮をむいて食べやすい大きさに切る
しいたけ…２枚
⇒石づきを除き、半分に切る
しし唐辛子…４本
⇒竹串で数カ所刺す

1 鶏肉を蒸す

フライパンにA、鶏肉を入れ、ふたをして弱火にかける。

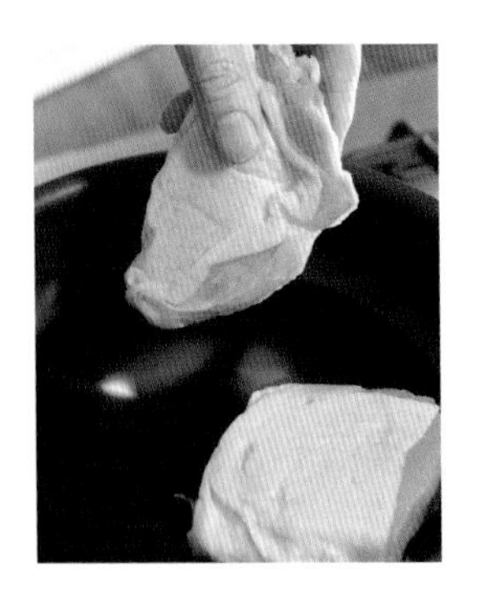

2 蒸し焼きにする

鶏肉が解凍され、やわらかくなってきたら、Bを加え、ふたをして時々様子を見ながら蒸し焼きにする。鶏肉に火が通り、長芋がしょうゆ色に色づいたら、器に盛る。

鶏肉がふっくらやわらかい。
しょうゆ味で肉の風味が引き立ち、
ご飯もお酒もすすむ味。

冷凍した鶏肉は、弱火から徐々に温度を上げながら蒸し焼きにすることで、ふっくらやわらかく。

蒸し焼きにして、鶏肉はふんわり、
麹のいい香り。鶏むね肉の
上品なうまみを生かすやさしい味。

鶏むね肉の甘酒蒸し

主材料（２人分）と下処理

鶏むね肉…１枚（300ｇ）
⇒皮を除き、一口大のそぎ切りにする。ポリ袋にAとともに入れて袋の上からもみ、平らにして冷凍したものを半解凍する

A
甘酒…大さじ２
うす口しょうゆ…大さじ１
おろししょうが、おろしにんにく、ごま油…各少々

グリーンアスパラガス…２～３本
⇒根元のかたい部分は折って除く。下半分の皮をピーラーでむき、長さを半分に切る

1 鶏肉を蒸す

フライパンに鶏肉を入れ、ふたをして弱火にかける。鶏肉が解凍されて白っぽくなったら、裏返す。

2 アスパラを蒸す

中火にし、アスパラを加えてふたをする。鶏肉に火が通ったら火を止め、器に盛る。あればレモン（くし形切り）を添え、粗びき黒こしょうをふる。

鶏むね肉を冷凍する時は、甘酒をもみ込んでおくと、やわらかく仕上がります。

豚汁

豚汁にさつまいもの甘みが移り、
ごま油の香りでますますおいしく。

主材料（２人分）と下処理

豚こま切れ肉（冷凍）…70ｇ
⇒半解凍し、食べやすい大きさに切る

A
大根…100ｇ
にんじん…40ｇ
⇒それぞれ短冊切りにする
ごぼう…40ｇ
⇒５㎜幅の斜め切り
こんにゃく…60ｇ
⇒短冊切りにし、ボウルに砂糖小さじ１とともに入れて手でもむ。２～３分おいてから、洗って水けをきる

さつまいも…½本（80ｇ）
⇒皮つきのまま一口大の乱切りにする

1 炒める

鍋にごま油小さじ１を熱し、Aを加えてざっと炒め、だし汁400㎖、豚肉を加えてふたをする。

2 煮る

煮立ったらアクを除き、豚肉が解凍されて野菜類に火が通ったら、さつまいもを加えて煮る。さつまいもがやわらかくなったら、みそ30～40ｇを溶き入れ、１～２分煮る。器に盛り、あれば青ねぎ（小口切り）を散らし、七味唐辛子をふる。

豚肉から出たアクは、きちんと取り除くと、おいしく仕上がります。

豚こまのすりごま炒め

ごまの香りとコクで、短時間でも
手間をかけたようなおいしさに。

主材料（１～２人分）と下処理

豚こま切れ肉（冷凍）…70ｇ
　⇒半解凍し、食べやすい大きさに切る
玉ねぎ（縦薄切り）…½個（100ｇ）
A｜みりん、うす口しょうゆ…各大さじ１
青じそ…５枚
　⇒７㎜幅ほどのざく切りにする

1 蒸し焼きにする

フライパンにサラダ油小さじ１、玉ねぎの上に豚肉を入れ、ふたをして弱火にかける。豚肉が解凍され、玉ねぎに透明感が出るまで、蒸し焼きにする。

2 炒める

ふたを取り、中火で炒める。豚肉が白くなったら、Aを加えて炒め、玉ねぎがしんなりとしたら、すりごま（白）大さじ２、青じそを加えてざっと混ぜる。器に盛り、あればいりごま（白）をふる。

すりごまが煮汁を吸って具にからみやすくなり、味にコクが出ます。

鶏ミンチと大根の直煮

大根は薄く切るから、
短時間で煮上がり、鶏ひき肉の
うまみがしみ渡ります。

主材料（２人分）と下処理

鶏ひき肉（もも・冷凍）…100ｇ
　⇒半解凍し、食べやすい
　　大きさに切る
大根…300ｇ
　⇒７㎜幅の半月切りにする
〈煮汁〉
　酒…大さじ２
　だし汁…200㎖
　うす口しょうゆ…大さじ１
水溶き片栗粉（片栗粉小さじ１を
　水小さじ２で溶く）…全量

1 ひき肉を煮る

鍋にひき肉、煮汁の材料を入れて火にかけ、煮立ったら、菜箸でひき肉をほぐしてアクを除く。

2 大根を煮る

大根を加えてふたをして煮て、やわらかくなったら、あれば３㎝長さに切った大根の葉を加えてさっと煮て、水溶き片栗粉でとろみをつける。器に盛り、おろししょうがをあしらう。

煮汁に鶏ひき肉のうまみが溶け、その煮汁を大根が吸い、おいしい煮上がりに。

香ばしく焼いた鶏ミンチを
トマトの水分だけでとろっと煮ます。
ほんのりにんにくとバジルの香り。

トマトそぼろ煮

主材料（１～２人分）と下処理

鶏ひき肉（もも・冷凍）…100ｇ
トマト…２個（300ｇ）
⇒半分に切り、へたを除く

A
にんにく（薄切り）…３～４枚
オリーブオイル…小さじ２
塩…ひとつまみ

1 炒める

フライパンにひき肉、Aを入れ、ふたをして中火にかける。ひき肉が解凍されてきたら、へらでくずしながら炒め、ひき肉に火が通ったらトマトを加える。

2 蒸し焼きにする

ふたをして蒸し焼きにし、トマトの皮がめくれてきたら、菜箸で皮を除き、しょうゆ大さじ½を回しかける。器に盛り、あればバジルの葉をあしらう。

トマトの水分でひき肉がふっくらと。

豚ミンチのピーマンそぼろ

たっぷりのピーマンから
水分が出るから、
やさしい味のそぼろに。

材料（作りやすい分量）と下処理

豚ひき肉（冷凍）…100ｇ

A
しょうが（みじん切り）、
にんにく（みじん切り）
…各小さじ½

ピーマン、パプリカ（赤・黄）…計100ｇ
⇒それぞれ１cm角に切る

B
みりん、うす口しょうゆ
…各大さじ１

1 蒸し焼きにする

フライパンにひき肉、Aを入れ、ふたをして火にかけ、豚肉を解凍する。

2 炒める

ピーマン、パプリカを加え、へらでひき肉をくずしながら炒める。ひき肉に火が通ったら、Bを加えて混ぜ、汁けがほぼなくなったら、器に盛り、あれば粗びき黒こしょうをふる。

ピーマンをたっぷり食べたいので、みりんじょうゆのやさしい味つけで。

豚ミンチの肉みそ

材料（作りやすい分量）と下処理

豚ひき肉（冷凍）…100ｇ

A
- ごま油…小さじ1
- しょうが（みじん切り）、にんにく（みじん切り）…各小さじ½

B
- 赤みそ…大さじ½
- 豆鼓醤…小さじ½
- 豆板醤…小さじ¼

1 蒸し焼きにする

フライパンにひき肉、Aを入れ、ふたをして火にかけ、ひき肉を解凍する。

2 炒める

Bを加え、へらでひき肉をくずしながら炒める。ひき肉に火が通り、調味料が全体にからんだら、器に盛り、あれば青ねぎ（小口切り）、赤唐辛子（輪切り）をあしらう。

そのままでもおいしく、ご飯や豆腐にかけたり、麻婆豆腐の素にもなり、野菜と炒めても。

ひき肉はぽろぽろになるまでしっかり炒めると、うまみがのります。

牛こまとブロッコリーのオイスターソース煮

主材料（１～２人分）と下処理

牛こま切れ肉…100ｇ
　⇒食べやすい大きさに切って
　　冷凍したもの
ブロッコリー…１株(200ｇ)
　⇒小房に切り分ける
オイスターソース…大さじ½

ブロッコリーの上で、おだやかに
火が入るので、牛肉がふんわりと。
ご飯に合う味つけで。

1 蒸し焼きにする

フライパンにブロッコリー、牛肉を順にのせ、酒大さじ１をかける。ふたをして弱火で蒸し焼きにし、牛肉を解凍する。

2 味つけする

時々、ふたを取って菜箸で混ぜながら牛肉に火を通す。汁けがほとんどなくなり、ブロッコリーがやわらかくなったら、オイスターソースをかけて混ぜ合わせる。

牛肉に酒をかけて蒸し焼きにすると、いい風味になり、仕上がりがふっくらと。

牛肉の天ぷら

食感のいい衣から、
ふんわり香りのいい牛肉が。

主材料（２人分）と下処理

牛もも肉（焼き肉用）…100ｇ
⇒肉が重ならないように平たくして冷凍したもの。冷凍庫から出し、手で割れる程度に解凍する

しいたけ…１枚
⇒石づきを除き、半分に切る

里いも…３～４個
⇒皮をむいて半分に切り、素揚げして油をきり、塩少々をふる

1 牛肉に衣をつける

小麦粉、水各大さじ２を粗く溶いて衣を作り、牛肉をくぐらせる。

2 揚げる

170℃のサラダ油で牛肉を揚げ、油をきる。しいたけも同様に衣をつけて揚げる。器に盛り、里いもの素揚げを添え、あれば青柚子の皮のすりおろしを散らし、溶き辛子、しょうゆを添える。

薄切りの牛肉は、凍ったまま衣をつけて揚げられます。

鶏手羽大根

鶏手羽は凍ったまま煮ても、
しっとりやわらかい。乱切りの大根と
合わせて食べ応えのあるおかずに。

主材料（作りやすい分量）と下処理

鶏手羽先（冷凍）
…５本（300ｇ）
大根…400ｇ
⇒一口大の乱切りにする

1 煮る

鍋に大根、手羽先、だし汁300mℓを入れ、ふたをして火にかける。煮立ったら、うす口しょうゆ大さじ１½を加え、時々様子を見ながら煮る。鶏肉に火が通り、大根がしょうゆ色になったら、器に盛る。あれば黄柚子の皮をあしらい、細ねぎ（小口切り）を散らす。

鶏手羽は皮がクッションになり、肉にやわらかく火があたるので、しっとり煮えます。

甘塩鮭ホイル焼き

主材料(1人分)と下処理

甘塩鮭(冷凍)…1切れ
玉ねぎ(1㎝幅の輪切りにしたもの)…2枚
ピーマン…1個
⇒輪切りにする
しいたけ…1枚
⇒石づきを除く
A 酒、ごま油…各小さじ1

1 アルミホイルで包む

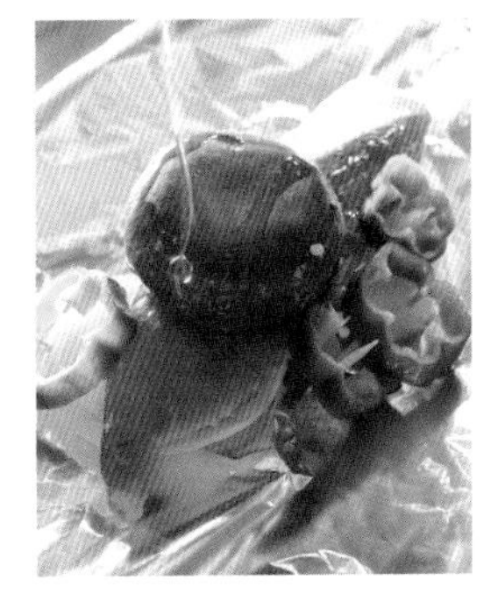

アルミホイルに玉ねぎ、鮭、しいたけの順にのせ、ピーマンを散らす。Aをふりかけ、全体を包んで閉じる。

2 蒸し焼きにする

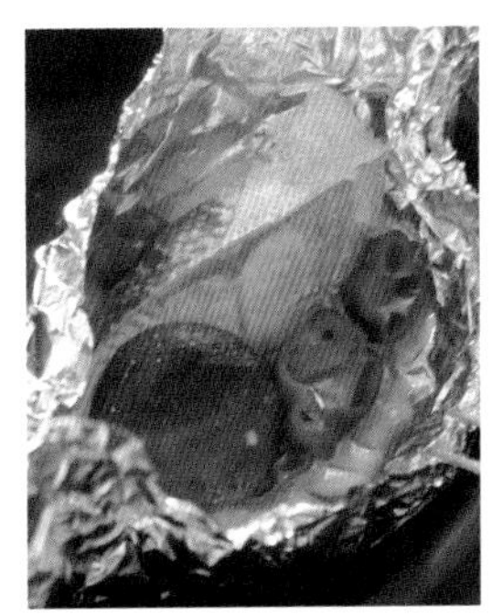

フライパンに1をのせ、ふたをして火にかけ、鮭と野菜に火が通るまで蒸し焼きにする。器に盛り、レモン(くし形切り)、マヨネーズを添える。

玉ねぎにのせて蒸し焼きすると冷凍した鮭もふんわり。

香りづけのごま油は、オリーブオイルなど好みの油に変えても。

甘塩鮭とねぎの焼き漬け

焼いているそばから、ねぎの甘い香り。
仕上げに甘酢を合わせて温かいマリネ風に。
甘酢味がご飯に合います。

主材料（１人分）と下処理

甘塩鮭（冷凍）…１切れ
　⇒３～４等分に切る
長ねぎ…１本（約80ｇ）
　⇒１cm幅の斜め切りにする

A
- 酢、うす口しょうゆ、砂糖…各小さじ１
- 水…大さじ１
- ごま油…少々

　⇒混ぜ合わせる

1 蒸し焼きにする

フライパンにサラダ油小さじ1、鮭を入れ、ふたをして火にかける。片面が焼けたら裏返し、長ねぎをのせて再びふたをする。

2 味つけする

鮭に火が通り、長ねぎがしんなりとしたら、Aを加えて混ぜる。器に盛り、あれば粉唐辛子をふる。

鮭は片面を焼いてから、長ねぎをのせ、香ばしさを残します。長ねぎの水分で蒸し焼きになり、鮭がふんわりと。

PART 4

ちょい残りで

ステキな一品に

ちょこちょこ残ったものは、
そうは見えないように、
料理するのが楽しいんです。
うまく使うコツは、連想ゲーム。
シーザーサラダのクルトン代わりに、
タルタルソースのゆで卵の代わりに、
魚のだしの代わりに、とか。
加熱してあるものは、時短にもなります。
こんなものがこんな料理に?!と驚かれると
うれしいものです。

1枚の食パンで

家族の人数に合わせて焼くと、
食パンが1枚残ってしまうなんてことも。
そんな時に作るわが家のリピートメニューです。

甘じょっぱいのり佃煮とチーズの
和風おかずトースト。

のり佃煮チーズトースト

材料（1人分）

食パン…1枚　のりの佃煮…適量
スライスチーズ…1枚

1 のせて焼くだけ

食パンにのりの佃煮をぬってチーズをのせ、オーブントースターでチーズが溶けるまで焼く。

卵とピリ辛キムチ、キムチとパンはよく合います。パンにのせて食事やおつまみに。

キムチトースト

主材料（1人分）と下処理

食パン…1枚　目玉焼き…1枚
白菜キムチ（刻む）…適量

1 のせて焼くだけ

食パンに目玉焼きをのせ、黄身を囲むようにキムチをのせる。オーブントースターで焼く。ごま油少々をかけて器に盛り、あれば青ねぎ（小口切り）を散らす。

のりの佃煮チーズトースト、キムチトーストどちらも、しらす、ちりめんじゃこをトッピングしても。

りんごトースト

材料（１人分）と下処理

食パン…１枚
りんご…¼個　⇒皮をむいて薄いくし形切りにする
バター…10ｇ　⇒５㎜角に切る
シナモンシュガー…適量

1 のせて焼くだけ

食パンにりんごをのせ、シナモンシュガーをふり、バターをのせ、オーブントースターで好みの加減に焼く。食べやすい大きさに切って器に盛る。

バナナトースト

材料（１人分）と下処理

食パン…１枚
バナナ…１本　⇒薄い輪切りにする
バター…10ｇ　⇒５㎜角に切る
砂糖、ココアパウダー（無糖）…各適量

1 のせて焼くだけ

食パンにバナナをのせ、きび砂糖、ココアパウダーをふり、バターをのせ、トースターで焼く。半分に切って皿に盛り、あればミントの葉を飾る。

バナナトーストは、ココアパウダーの代わりに、シナモンパウダーでも。

トーストして残ったパンで

トースターに入れっぱなしだった！
そんな時には無理して食べずに、
クルトン代わりにして晩ごはんのサラダに。

しんなりした野菜に、
ドレッシングと野菜のうまみを
吸ったパンがおいしいアクセント。

パンサラダ

材料（１～２人分）と下処理

食パン（焼いたもの）…１枚
卵…１個
　⇒常温にもどした卵を熱湯で９分ゆで、殻をむき、手でほぐす
レタス…３～４枚
　⇒食べやすい大きさに手でちぎる
パプリカ（赤・黄）…計30ｇ
紫玉ねぎ…少々
　⇒それぞれ薄切り
きゅうり…⅓本（30ｇ）
　⇒ピーラーでしま目に皮をむき、薄い輪切りにする
ハム…30ｇ
　⇒食べやすい大きさに切る

〈玉ねぎドレッシング〉
おろし玉ねぎ…大さじ½
煮切りみりん*、酢、サラダ油…各大さじ１
塩…小さじ½
　⇒混ぜ合わせる

＊煮切りみりんの作り方
耐熱容器にみりんを入れ、電子レンジに30秒かけて粗熱をとる。

1　パンを切る

食パンを３㎝角に切る。
＊食べ応えがあり、水分を吸うのに適度な大きさなので、主食はなしでも。

2　混ぜる

器に具を盛り、玉ねぎドレッシングをかけ、よく混ぜていただく。

玉ねぎドレッシングはたくさん作って清潔な保存容器に入れ、冷蔵庫で１カ月間保存可能。サラダやマリネに大活躍。焼いた肉や魚との相性もよい。

かたくなったフランスパンで

冷凍庫にフランスパンが貯まると、このレシピが重宝します。
朝食にもおやつにも。

フレンチトースト

主材料(作りやすい分量)と下処理

フランスパン(かたくなったもの)…½本
⇒3～4㎝幅に切る
〈A〉
| 牛乳…200mℓ　卵…2個　砂糖…大さじ1
⇒混ぜ合わせる
バター…10g

砂糖控えめの
プリン液にひたすから、
焼いてふんわり、リッチな味。
おもてなしで必ず喜ばれます。

1 ひたす

容器にフランスパンを入れ、Aをかけてふたをし、冷蔵庫で3時間～ひと晩おく。途中で裏返す。

2 焼く

フライパンにバターを弱火で熱して1を入れ、ふたをして蒸し焼きにする。片面が焼けたら裏返し、足りなければバター少々を足し、もう片面もこんがりと焼く。器に盛り、水きりヨーグルト(下参照)を添え、はちみつをかけ、あれば刻んだナッツを散らし、ミントの葉を飾る。

水きりヨーグルトの作り方　ボウルにざるをのせ、厚手のペーパータオルを敷き、無糖プレーンヨーグルト100gをのせて1時間ほどお

さばの切り身みそ汁

ひと切れ残った焼き魚で

だし汁を使わなくても、魚からだしが出て、深い味わいの汁ものに。
残った焼き魚を使うだけでなく、この汁用に切り身を一緒に焼きたくなります。

さばのいい脂がみそに溶け、
上品な味のみそ汁に。

主材料（２人分）と下処理

焼き魚（青魚の塩焼き。写真はさば）
…１切れ（約60ｇ）
⇒皮と骨を除き、身をほぐす
大根…120ｇ
⇒細切りにする
みそ…30ｇ

1 具とみそを混ぜる

鍋にさば、みそを入れ、手でよくもむ。さばとみそがなじんだら、大根を加えてさらにもむ。

2 水で煮る

水400mℓを注ぎ、火にかける。煮立ったらアクを除き、火を少し弱めて、大根がしんなりするまで煮る。器に盛り、青ねぎ（小口切り）をのせ、あれば粉唐辛子（中びき・韓国産）をふる。

みそ汁は白身魚より青身魚のほうが相性がいい。大根の代わりに白菜でも。

鯛のすまし汁

主材料（２人分）と下処理

焼き魚（白身魚の塩焼き。
　写真は鯛）…１切れ（約80ｇ）
わかめ（乾燥）…２～３ｇ
　⇒袋の表示通りに水でもどす
うす口しょうゆ…小さじ２

焼き魚を使うから、生臭さがなく、
失敗せずに上品な澄んだ味に。
焼き魚の塩分でしょうゆの量は加減して。

1 煮て 鯛の身をほぐす

鍋に鯛、水400mℓを入れて火にかける。煮立ったら１～２分煮て、鯛を取り出し、皮と骨を除いて身を粗くほぐす。

2 味つけする

鍋に鯛のほぐし身、うす口しょうゆ、わかめを入れ、わかめが温まったら火を止める。お椀によそい、しょうが（せん切り）をあしらう。

焼き魚の汁もの（みそ汁・すまし汁）は、煮立てながら煮るほうが、だしがよく出て味がなじみおいしく仕上がります。

汁が冷たいうちからお餅を煮てとろとろに。
白菜からうまみが出て、さっと煮でも深い味に。

お餅のとろみ汁

かたくなった焼き餅で

焼いたお餅は、煮たり、湯につけるとやわらかくなります。鍋で一緒に煮るのがかんたん。

主材料（２人分）と下処理

焼き餅（丸餅でも角餅でも）
…２個
鶏もも肉…⅓枚（100ｇ）
⇒一口大のそぎ切りにする
白菜…¼株（300ｇ）
⇒２㎝幅のざく切りにする
長ねぎ…½本（約40〜50ｇ）
⇒５㎜幅の斜め切りにする
だし汁…400㎖

1 炒める

鍋にサラダ油小さじ２、にんにく（薄切り）３〜４枚、鶏肉を入れ、中火でさっと炒める。白菜、長ねぎを加えてざっと炒め合わせる。

2 煮る

だし汁、餅を加えてふたをする。煮立ったら、うす口しょうゆ大さじ１½を加え、ふたを少し開けてかけ、３〜５分煮る。餅がやわらかくなってきたら火を止め、２〜３分ほどおく。器に盛り、あれば青ねぎ（小口切り）、柚子こしょうをのせる。

煮たら、火を止めて少しおき、余熱で餅の中心までふっくらと火を通します。

刻んだ漬けものは、ピクルス代わり。
たくあんは、らっきょうでも。
食感と香りが味のアクセントに。

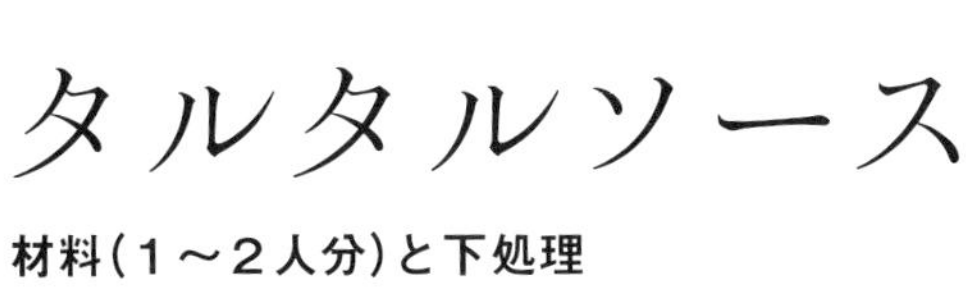

タルタルソース

材料（1～2人分）と下処理

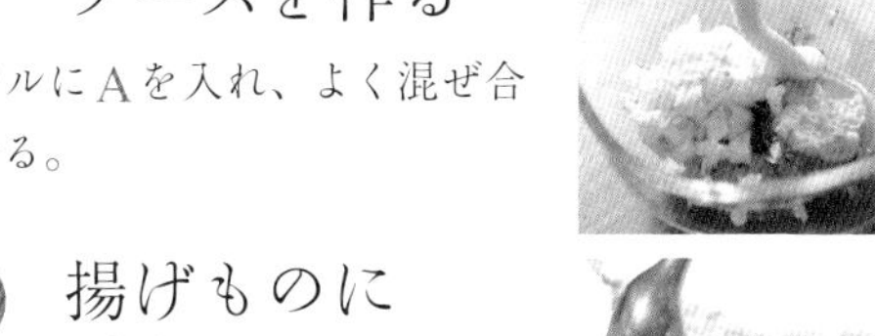

A
- 目玉焼き…1枚　⇒粗く刻む
- マヨネーズ…大さじ2～3
- たくあん（みじん切り）…10g
- パセリ（みじん切り）…少々

好みの揚げもの（写真はアジフライ）…1枚

1 タルタルソースを作る

ボウルにAを入れ、よく混ぜ合わせる。

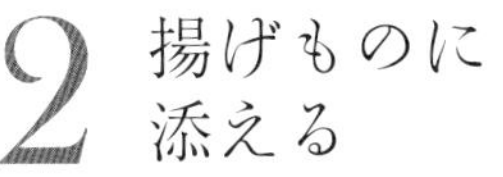

2 揚げものに添える

器に好みの揚げものを盛り、1をかける。

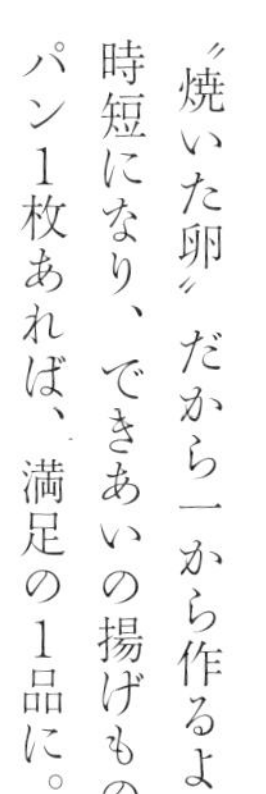

残った目玉焼きで

〝焼いた卵〟だから一から作るより時短になり、できあいの揚げものやパン1枚あれば、満足の1品に。

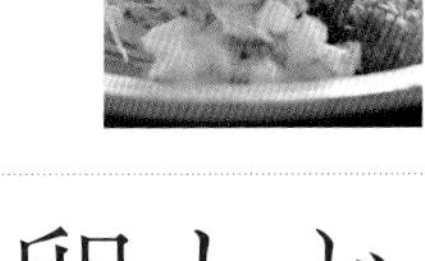

揚げものの卵とじ

だしのきいた油っけのある煮汁に、とろとろ卵。誰もが好きな味です。

材料（直径16cmのスキレット1個分）

残った天ぷら…適量
（写真はえび天、さつまいもの天ぷら、しいたけの天ぷら、青じその天ぷら、玉ねぎの天ぷら）

〈煮汁〉
- だし汁…60mℓ　うす口しょうゆ…小さじ2
- みりん…大さじ½

溶き卵…2個分

1 天ぷらをさっと煮る

鍋に煮汁の材料を入れて火にかけ、煮立ったら天ぷらを入れ、少し煮る。

2 卵でとじる

溶き卵を回し入れ、菜箸で軽くかき混ぜながら半熟状になるまで火を通し、あれば粉山椒をふる。

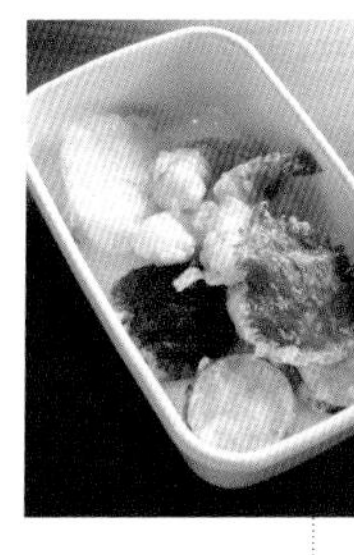

残った揚げもので

温め直すとべちゃっと油っぽくなりがちな揚げものは、卵でとじるのがおすすめ。そのままおかずに。ご飯にのせて丼に。

揚げものの卵とじは、天ぷらだけでなく、フライ、から揚げでもおいしくできます。

あと1品でよく作ります。
さっぱりとして、梅、のり、
青じその香りがきいた箸休め。

こちらもよく作ります。
シャキシャキした
大根に塩味がよく合います。

刺身の大根のつまで

アレンジしがいがある大根のつま。
生であえものに。炒めてナムルに。
つい量が多いものを買ってしまいます。

大根の梅あえ

材料(作りやすい分量)と下処理

大根のつま…80g
青じそ…1枚
　(お刺身パックについていれば)
　⇒ざく切りにする
焼きのり(全形)…¼枚
　⇒手でちぎる
A｜ポン酢、練り梅…各小さじ1

1 混ぜる

ボウルに大根のつま、Aを入れて混ぜ、青じそ、焼きのりを加えてよく混ぜる。

大根ナムル

主材料(作りやすい分量)

大根のつま…80g
ごま油…小さじ2
塩…小さじ¼

1 炒める

フライパンにごま油を熱し、大根のつまを炒め、塩をふり、炒め合わせる。器に盛り、粗びき黒こしょう、いりごま(白)をふる。

大根は、香味野菜やごま油など、香りのあるものと合わせると、味が決まります。

シュウマイの皮でしゃぶしゃぶ

シュウマイの皮、餃子の皮で

薄くのばした粉ものだから、
鍋料理や生地ものに。
薄い分、短時間で料理できます。

このおいしさ、食後の軽さ、
肉みそとパクチーのエスニック風が
クセになる。おもてなしにも最適。

材料(作りやすい分量)と下処理

シュウマイの皮…適量
肉みそ(83ページ参照)
…適量
香菜(パクチー)…適量
⇒食べやすい長さに切る
ライム…適量
⇒くし形切りにする

1 シュウマイの皮をしゃぶしゃぶして肉みそを包む

土鍋に湯を沸かし、シュウマイの皮をさっとくぐらせ、肉みそとパクチーを包み、ライムを搾っていただく。

シュウマイの皮の代わりに、餃子、春巻き、生春巻きの皮で作っても。

餃子の皮で皮パリピザ餃子

主材料（２〜３人分）と下処理

餃子の皮…16枚

A
- 豚ひき肉…100ｇ
- 長芋（すりおろし）…大さじ１
- オイスターソース、ごま油…各小さじ１
- 白菜…150ｇ
  ⇒粗みじん切りにし、塩小さじ½をふり５分おき、水けをしっかり絞る
- にら…20ｇ
  ⇒３㎝幅に切る

〈たれ〉
- 酢、しょうゆ…各大さじ１
- 砂糖、ラー油…各少々
  ⇒混ぜ合わせる

1 餃子の皮であんを挟む

ボウルにAを入れてよく練り混ぜる。フライパンにごま油小さじ２を入れ、餃子の皮を半量並べ入れ、あんを平たくのせ、残りの餃子の皮を上にかぶせる。

＊皮をカリッと焼くとおいしいので、ごま油を少し多めにひいてから餃子の皮を並べる。

2 焼く

1に水大さじ2を回し入れ、ふたをして火にかけ、２〜３分蒸し焼きにする。水けがほとんどなくなったら、ふたを取って残った水分をとばし、裏返してごま油少々を回し入れ、全体がカリッとするまで焼く。器に盛り、あれば細ねぎ（小口切り）、赤唐辛子（輪切り）を散らし、食べやすく切り分け、たれをつけていただく。

餃子のあんに長芋、とろろいものすりおろしをちょっと入れるとふわっとします。

PART 5

お昼やしめに。こっそり低糖質

冷蔵庫の片づけ方々（かたがた）、
家にある食材をてっとり早く
おいしく食べるのに重宝する麺料理。
麺の代わりに、
同じく冷蔵庫にある糸こんにゃくや
ストックしてある切り干し大根を使えば、
カロリー控えめ、からだ思いの一品に。
麺より、歯ごたえがあるので
満腹感を得やすいから、
食べすぎ防止にも。
ひとりごはんに、しめにこっそりどうぞ。

糸こんそうめん

のどごしのよさは、糸こんならではは。
ゆでないので暑さを感じず作れます。

主材料（１～２人分）と下処理

糸こんにゃく（白・しらたき）…１袋（200ｇ）
　⇒食べやすい長さに切る

〈つゆ〉

だし汁…100mℓ
煮切りみりん（92ページ参照）…30mℓ
うす口しょうゆ…40mℓ
すだちなど好みの柑橘果汁…少々

1 糸こんにゃくを盛る

糸こんにゃくをボウルかポリ袋に入れ、砂糖大さじ1をふってもんで、２～３分おく。砂糖を洗い流して水けをきり、器に盛る。

2 つゆを作り盛りつける

つゆの材料を混ぜ合わせる。1におろししょうが、青ねぎ（小口切り）、いりごま（白）をのせ、あればすだち（輪切り）を飾る。つゆにつけながら、いただく。

こんにゃくは砂糖をまぶしてもむと、下ゆでしなくてもクセが抜け、味がのります。

主材料（１～２人分）と下処理

牛こま切れ肉…80ｇ
　⇒食べやすい大きさに切り、塩、
　　こしょう各少々をふる
ピーマン…１個（約30ｇ・あれば
　赤ピーマンも少々）
　⇒細切りにする
糸こんにゃく（黒）…１袋（200ｇ）
　⇒食べやすい長さに切り、砂
　　糖大さじ１をふってもむ。
　　２～３分おき、砂糖を洗い
　　流して水けをきる
XO醤…大さじ１

1 炒める

フライパンにごま油小さじ１を熱し、牛肉を炒める。牛肉に火が通ったら、XO醤を加えて炒め、香りが立ったら、糸こんにゃく、ピーマンを加えて炒める。

2 味つけする

XO醤が全体にからみ、ピーマンがしんなりとしたら、しょうゆ大さじ１を回し入れる。

糸こん、牛肉、ピーマンのXO醤炒め

炒めて香りを引き出した
XO醤と牛肉のうまみが
糸こんにしみしみ。

糸こんにゃくは、味がのりにくいので炒めて水分をとばしてから、しょうゆを加え、汁けがなくなるまでしっかり炒めます。

ところてん冷やし中華

主材料（２人分）と下処理

ところてん…２パック
　⇒ざるに上げ、水けをきる
卵…２個
　⇒割りほぐし、塩ひとつまみを
　　加えて混ぜる
焼き豚、きゅうり…各40ｇ
〈つゆ〉
　酢、うす口しょうゆ…各大さじ１
　砂糖…大さじ½
　ごま油…少々
　　⇒混ぜ合わせる

具は家にあるもので。
卵はゆで卵や温泉卵でも。
甘酢だれであっさり。

1 具をそろえる

フライパンにサラダ油小さじ１を中火で熱し、卵液を⅓〜¼量ほど流し入れて薄くのばし、菜箸で裏返して薄焼き卵を３〜４枚作る。冷めたらせん切りにし、錦糸卵にする。焼き豚は細切りに、きゅうりはせん切りにする。

2 盛りつける

ところてんを器に盛り、つゆを回しかけ、錦糸卵、焼き豚、きゅうりをのせ、あれば溶き辛子を添え、いりごま（白）をふる。

ところてんの水けはしっかりきると、つゆが薄まらず、よりおいしい。

ソース味に見えて塩味のサプライズ。
気持ちよくシャキシャキ
噛んでいるうちに満腹に。

ブラウンえのきの塩焼きそば風

1 炒める

フライパンで豚肉、ごま油小さじ1、にんにく（みじん切り）少々を入れて炒める。肉に火が通ったら、キャベツを加えて炒め、えのきたけを加えて炒める。

2 味つけする

水少々を加え、野菜がしんなりとしたら、塩小さじ¼をふって混ぜる。器に盛り、青ねぎ（小口切り）をのせ、こしょうをふり、あれば紅しょうが（せん切り）をのせる。

主材料（１人分）と下処理

えのきたけ（茶色）…１袋（150ｇ）
　⇒石づきを除いてほぐす
キャベツ…80ｇ
　⇒１cm幅のざく切りにする
豚バラ薄切り肉…30ｇ
　⇒１cm幅に切る

ブラウンえのきは、あえて切らずに麺っぽく。塩で味つけ、香りを生かします。

切り干し大根のパスタ風

切り干し大根を
ペペロンチーノ風にさっと炒めると
歯ごたえよく、新鮮な味わい。

主材料（１〜２人分）と下処理

切り干し大根（乾燥）…30ｇ
⇒水でさっと洗って１〜２分水でもどし、水けを絞る
ミニトマト…15〜20個
⇒へたを除き、竹串で１カ所刺しておく
しらす干し…20ｇ
青じそ…５〜６枚
⇒１㎝幅のざく切りにする

1 ミニトマトを炒める

フライパンににんにく（薄切り）２〜３枚、オリーブオイル大さじ１、ミニトマトを入れてふたをし、皮がはじけるまで弱火にかけ、しらす干しを加える。

2 切り干し大根を炒める

切り干し大根を加えてさっと炒め、塩小さじ¼をふり、青じそ、オリーブオイルを加えてざっと混ぜる。

切り干し大根は軽くもどして食感を残し、汁けを絞りすぎずに風味を生かします。

COLUMN

冷蔵庫断捨離のコツ

●たまにしか使わない瓶もの、
調味料類をむやみに買わないこと
（買うときは最小ポーションに）
●おまけで付いてくるたれや醤油を
使わないのに溜め置かないこと
●なんでも冷凍庫に入れないこと
（肉類は薄切りでも塊でもゆでてゆで汁ごと保存。
魚は塩焼きにして保存すると冷蔵でも長持ちします）
●材料の組み合わせに冒険心をもつこと
（発見を楽しむ）
●素材の状態を見極めること
（生でダメなら火を通せば大丈夫）
●それ自体がおいしくないものは諦めること
●あと少しだから残しておくのではなく、
あと少しだから使い切ること
●半月に一度は冷蔵庫の中身を全部出して
棚卸をすること
●サバイバルの日と称し、
絶対に買い物をしない日を作ること
（お給料日前が効果的）

何もないと思っていても
冷蔵庫の中身を出してみると
本当にいろいろなものが出てきます。
それらを使って工夫して料理して。
「ちゃんと出来た！」というその喜びが、
日々のお料理の自信に繋がります。
諦めずに好奇心を持って
何でも挑戦して楽しんでやってみるのが
一番のコツです。

PART 6

冷蔵庫に残っている
瓶詰めで

何かしら冷蔵庫に入っている瓶詰め。
それだけで食べられるように
味が決まっているから、
調味料代わりに重宝します。
香りがきいたものも多いから、
使う調味料の数もぐんと少なく。
いつもの料理にのせるだけで
味のアクセントになり、ひと味違うおいしさに。
のせるだけ、混ぜるだけで、
気軽にいろいろ楽しめます。

なめたけオクラ

そのままでも、ご飯にのせても
豆腐にのせても。
ゆるい粘りであっさり味。

なめたけで

主材料（作りやすい分量）と下処理

オクラ…1袋(80g)
⇒さっと洗って塩適量をまぶしてもむ。
うぶ毛を洗い流し、ガクを包丁で除く

A | なめたけ(市販品)…大さじ2
  | うす口しょうゆ…小さじ½

1 ゆでて切る

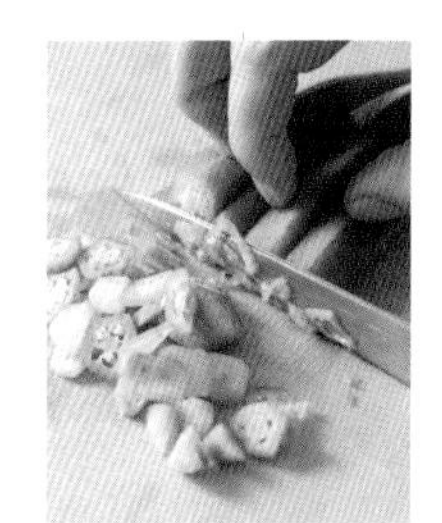

オクラをゆでて小口切りにする。

2 混ぜる

ボウルに1、Aを入れてよく混ぜる。器に盛り、おろししょうがをのせる。

なめたけ雑炊

おだしたっぷりの雑炊は、
しょうゆ味のなめたけが、
いいアクセント。

主材料（1～2人分）と下処理

なめたけ(市販品)…適量
温かいご飯…150g

A | だし汁…400mℓ
  | うす口しょうゆ…大さじ1

1 ご飯を煮て なめたけをのせる

小鍋にAを入れて中火にかけ、沸いたらご飯を加えて2～3分煮る。器に盛り、青ねぎ(小口切り)、なめたけをのせる。

ぐつぐつ煮立てながら煮ると、とろりと粘りが出て、おじや風になります。

ザーサイの卵スープ

とろ〜りふんわり卵が
浮かぶ熱々のスープは、
ほんのりお酢であっさりと。

ザーサイで

主材料（1〜2人分）と下処理

ザーサイ（市販品）…20g
　⇒細切りにする
青ねぎ…1本
　⇒斜め細切りにする
A
　水…200mℓ
　鶏ガラスープの素（顆粒）
　　…大さじ1
　片栗粉…大さじ½
溶き卵…1個分

1 片栗粉を溶かす

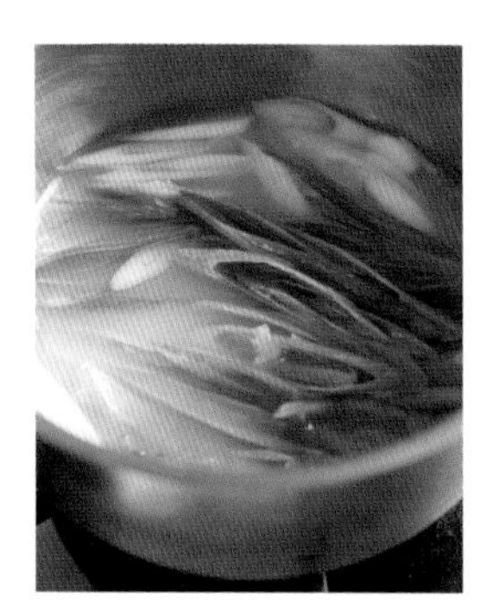

鍋にAを入れてよく混ぜ、ザーサイ、青ねぎを加えて火にかけ、混ぜながら煮立てる。

＊片栗粉を溶かしてから火にかけ、煮立てると、とろみがつく。その後に卵を入れると、きれいなかき玉になる。

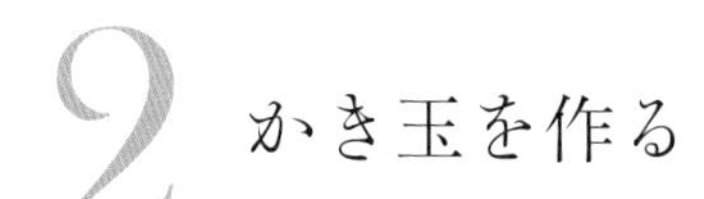

2 かき玉を作る

溶き卵を回し入れ、卵がふんわりとしたら、酢小さじ1で味をととのえる。器に盛り、好みでラー油調味料（市販品）をのせる。

ザーサイの塩けがあるので、しょうゆは使いません。

ザーサイときくらげの豚肉炒め

ザーサイを入れて炒めて中華風に。
生きくらげで作ると、よりおいしくなります。

ザーサイで

主材料（１～２人分）と下処理

ザーサイ（市販品）…40ｇ
豚バラ薄切り肉…30ｇ
⇒１cm幅に切り、塩、こしょう各少々をふる
きくらげ（乾燥）…10ｇ
⇒水でもどして（もどして約100ｇ）水けをきる

1 炒める

フライパンを熱し、豚肉を炒める。白くなったら、きくらげ、ザーサイ、あればザーサイの汁も加えて炒め合わせる。

2 味つけする

チキンスープの素（顆粒）小さじ１で味をととのえ、細ねぎ（２cm長さに切る）１～２本を加えてざっと混ぜる。

豚肉はしっかり炒めて味を出してから、他の具を加えます。

アンチョビーキムチ風

たとえて言うなら、
浅漬け風キムチ。
シャキッとみずみずしい
白菜が美味。

アンチョビーで

主材料(作りやすい分量)と下処理

白菜…¼株(300g)
　⇒7㎜幅に切る
〈キムチの素〉

A
- アンチョビー(市販品)…2枚(10g)
- にんにく…1片
- りんご…¼個(70g)
　⇒一口大に切る

粉唐辛子(中びき・韓国産)
…大さじ1

1 白菜を塩もみしてキムチの素を作る

白菜はボウルに入れ、塩小さじ1でもみ、30分以上おく。Aをハンドブレンダー(またはミキサー)にかけ、なめらかにし、粉唐辛子を混ぜる。

2 白菜とあえる

白菜の水けを軽くきり、キムチの素とあえる。味をみて塩けが足りないようであれば、塩小さじ¼くらいを足す。
＊白菜の味を残すため、水けはしっかり絞らない。

すぐに食べても、保存袋に入れて空気を抜いて数日おいてから食べても、味がなじんでおいしい。

アンチョビーで

アンチョビーTKG

アンチョビーのうまみと塩けで
黄身とごはんがますますおいしく。
しめごはんにもおすすめ。

主材料（１人分）

アンチョビー（市販品）…１～２枚
温かいご飯…１膳分
卵黄…１個分

1 ご飯に具をのせる

ご飯を器に盛り、アンチョビーを円を作るようにのせ、真ん中に卵黄を落とす。粗びき黒こしょう、細ねぎ（小口切り）をふり、よく混ぜていただく。

バジルソースで

あさりの酒蒸しバジルソース

あさりとバジルソースは相性よし。
好みの野菜を加えて、おしゃれな一品に。

主材料（２人分）と下処理

あさり（殻つき）…300ｇ
　⇒３％の塩水に30分以上つけて砂出しをし、殻をこすり合わせて洗う
しし唐辛子…６本
　⇒へたを除き、竹串で数カ所刺しておく
バジルソース（ジェノベーゼソース・市販品）…大さじ½

1 あさりを酒蒸ししてバジルソースを混ぜる

鍋にあさり、酒大さじ１、しし唐辛子を入れ、ふたをして中火にかける。あさりの殻が開いてきたら、バジルソースを加えて混ぜ合わる。

アンチョビーの塩けのきいたＴＫＧには、粗びき黒こしょうと青ねぎの香りを添えて。

ピクルス、さば、トマト

香ばしい焼きさばが、ピクルスの酸味、
トマトで、さっぱりおいしく。

ピクルスで

材料（２人分）と下処理

きゅうりのピクルス（市販品）
…２本（20ｇ）
⇒薄い輪切りにする

トマト…１個（150ｇ）
⇒２cm角に切る

さば…½尾
⇒半分に切って塩、こしょう各少々をふり、出てきた水けを拭いて小麦粉適量をまぶす

A
オリーブオイル…大さじ１
にんにく（薄切り）…２〜３枚

しょうゆ…小さじ１

1 さばを焼く

フライパンにAを入れて火にかけ、オイルににんにくの香りが移ったら、にんにくを取り出す。さばを身を下にして入れ、ふたをして蒸し焼きにする。途中で裏返して両面をこんがりと焼き、火が通ったら、器に盛る。

2 野菜を炒める

1のフライパンでピクルス、トマトを炒め、しょうゆをかけて混ぜ、さばにかける。好みで1のにんにく、パセリを添える。

さばは皮を上にして焼くと、身がそらずに焼けます。

ピクルス天ぷら

カリッとした衣に
ピクルスの酸味であっさり。
黒こしょうの香りがよく合う。

ピクルスで

主材料(1～2人分)と下処理

きゅうりのピクルス(市販品)
…5本(50g)
〈衣〉
小麦粉…20g
水…30mℓ
⇒粗く溶く

1 ピクルスを揚げる

ピクルスは薄く小麦粉をまぶしてから衣にくぐらせ、170℃のサラダ油でカラッと揚げ、油をきる。

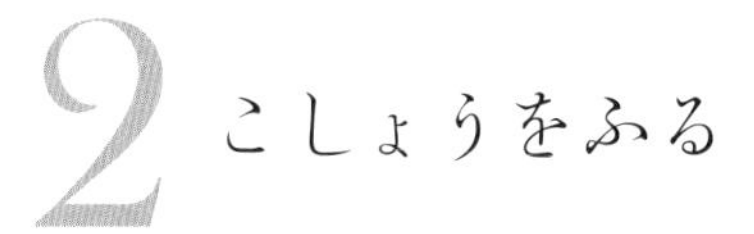

2 こしょうをふる

仕上げに黒こしょうをたっぷりとふる。

こしょうはたっぷりめにふると、辛みがきいて味に変化が出ます。

佃煮で

主材料(1～2人分)と下処理

のりの佃煮(市販品)…大さじ1
いか(刺身用)…1杯(100g)
⇒胴は1cm幅の短冊切りにし、エンペラと足は食べやすい大きさに切る
青ねぎ(小口切り)…適量

1 いかを炒める

フライパンにオリーブオイル小さじ1を熱し、色が変わるまでいかを炒める。

2 味つけする

のりの佃煮を加えて素早く炒め、青ねぎを半量入れ混ぜ、すぐ火を止める。器に盛り、上に残りの青ねぎをかける。好みで柑橘の果汁をかけても。

いかは炒めすぎない。白くなってくるりとすればよい。30秒くらい炒めたら、のりの佃煮で味をつけます。

PART 7

蘇るつまみ系

半端食材が生き返る。

つまみは、ちょこちょこ、手をのばしたい。
だからこそ、半端に残っている
家にあるものが大活躍。
そして、作るのがかんたん。
さっとできるのも大事。
飲む前に疲れてしまっては本末転倒です。
家で気張らずに作れる
愛すべきおつまみばかりです。

塩辛で

塩辛のグラタン

ほくほくのじゃがいも、塩辛、
とろけるチーズのグラタンには、
乳酸発酵の山廃仕込みの日本酒を。

主材料（２人分）と下処理

じゃがいも…大１個（正味150ｇ）
　⇒大きめの一口大に切る
シュレッドチーズ…40ｇ
塩辛…小さじ２

1 ゆでて焼く

小鍋にじゃがいも、水300㎖、塩小さじ¼を入れ、じゃがいもがやわらかくなるまでゆで、ざるに上げて水けをきる。２つの耐熱皿にじゃがいもを半量ずつ入れ、塩辛、シュレッドチーズを各半量ずつのせる。チーズに焼き色がつき、とろりとするまでグリルかトースターで焼く。あれば青柚子の皮のすりおろしを散らす。

塩辛焼きそば

麺の水分をとばしながら、カリッと
焼き炒めたら塩辛を。
日本酒、焼酎、それぞれ楽しめます。

主材料（１人分）と下処理

中華麺（焼きそば用）…１袋
塩辛…大さじ½〜１

1 炒める

フライパンにごま油小さじ２を熱し、中華麺をほぐしながら入れる。動かさずに焼き、麺がカリッとしてきたら、塩辛、柚子果汁少々を加えてざっと混ぜ、味が足りないようなら、塩適量で味をととのえる。器に盛り、青ねぎ（小口切り）、塩辛（分量外）をのせ、あれば粉唐辛子をふる。

塩辛は、加熱すると臭みがとび、いかの香りとうまみが凝縮します。

だしじゃこで

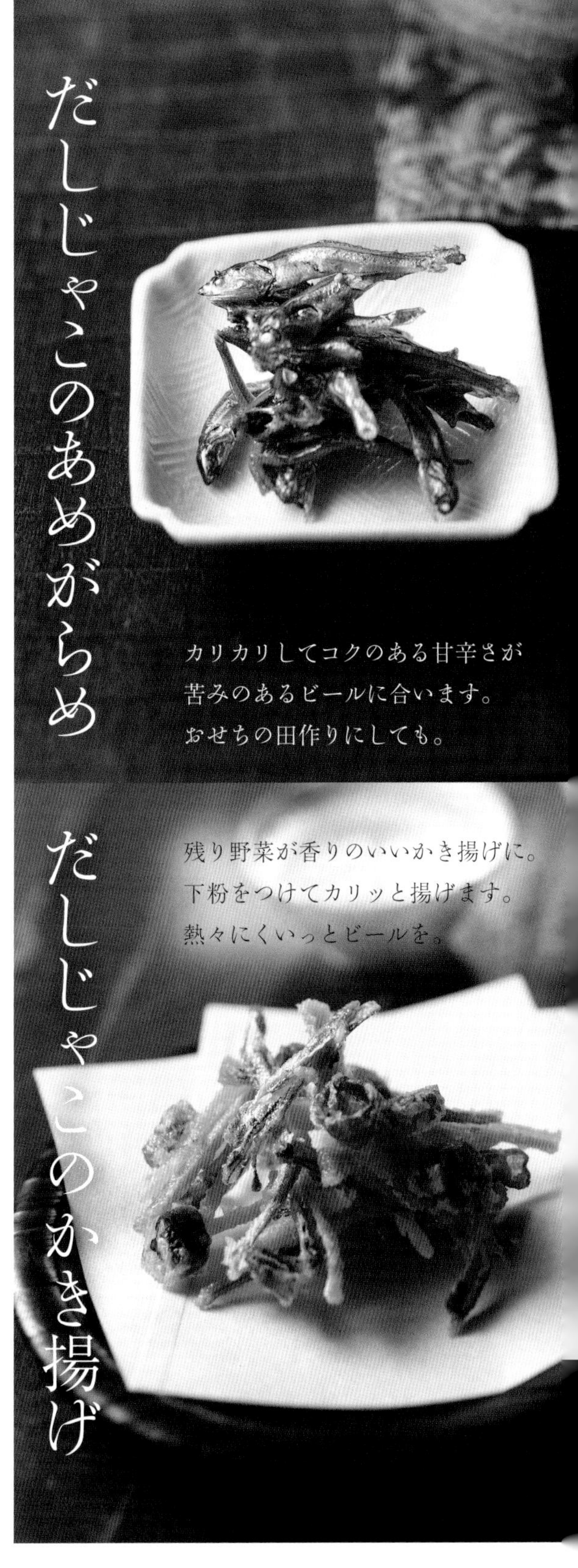

主材料（作りやすい分量）

煮干し（小）…10g

A ｜砂糖…大さじ1
　｜しょうゆ、水…各小さじ½

1 煮干しをあめにからめる

170℃のサラダ油で煮干しをカラッと揚げ、油をきる。フライパンにAを入れ、中火で煮つめる。砂糖が溶けて泡がふつふつと立ち、糸を引いてあめ状になってきたら、煮干しを加えてからめる。

2 乾かす

1を一口ずつになるように分けながら、オーブンシートに素早く間隔を空けて置き、いりごま（白）をふって冷ます。

主材料（1～2人分）と下処理

A ｜煮干し（小）…5g　⇒頭とワタを除く
　｜にんじん…30g　⇒細切り
　｜しし唐辛子…2本　⇒輪切り

〈衣〉

｜小麦粉、水…各大さじ1　⇒よく溶く

1 揚げる

ボウルにAを入れ、小麦粉大さじ1を全体にまぶし、衣を加えて混ぜる。スプーンですくって170℃のサラダ油に入れ、カリッとするまで揚げ、油をきる。塩をふる。

あめがらめの煮干しは、時間がなければ、揚げずに電子レンジ加熱でも。
オーブン用シートに煮干しをのせ、電子レンジで1分30秒～2分加熱します。

さきいかの天ぷら

サクッとねちっとピリッと。
ハイボールの泡で
リフレッシュしてまた一口。

さきいかのピリ辛あえ

韓国定番料理のコチュジャンあえを
マヨネーズでまろやかに。
芋、麦、お好みの焼酎で。

さきいかで

材料（１～２人分）と下処理

さきいか…20ｇ
〈衣〉
｜小麦粉、水…各大さじ２
　⇒ざっくりと混ぜる

1 揚げる

さきいかを衣にくぐらせ、170℃のサラダ油で揚げ、油をきる。器に盛り、あれば七味唐辛子をふる。

材料（１～２人分）

さきいか…20ｇ
マヨネーズ…大さじ½
コチュジャン…小さじ½
柚子果汁…少々

1 混ぜる

ボウルにすべての材料を入れ、よく混ぜる。器に盛り、あればいりごま（白）をふる。

噛むほどにうまみが広がるさきいかを少しアレンジするだけで、目先の変わったおつまみに。

プロセスチーズで

焼きプロセスチーズのはちみつがけ

とろけたチーズは甘じょっぱくて
止まらない味。赤、白ワインはもちろん、
あれば、ぜひ貴腐ワインと。

材料(作りやすい分量)

プロセスチーズ(扇形)、はちみつ
…各適量
粗びき黒こしょう…少々

1 焼く

フライパンにプロセスチーズを並べ入れ、弱めの中火で両面をこんがりと焼く。器に盛り、粗びき黒こしょうをふり、はちみつをかける。

プロセスチーズと薄切りりんごののり巻き

重ねておいしい組み合わせを
のりで巻くとつまみ度アップ。
ワインや日本酒の発泡系にぴったり。

材料(1～2人分)と下処理

プロセスチーズ(四角形)…2個
りんご(皮つきのまま、薄いくし形切りにしたもの)…6枚
焼きのり…適量
⇒好みの幅の帯状に切る

1 巻く

プロセスチーズ1個にりんごの薄切り3枚をのせ、焼きのりで巻く。

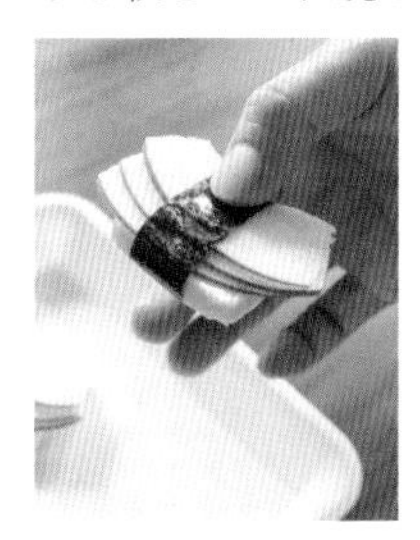

焼きプロセスチーズは、弱火で焼き色がつくまでほうっておき、ついたら、裏返します。

パクチードーナツ

油っけのある生地に、
甘く香るパクチーが絶妙。
レモンハイやジンのソーダ割と。

ホットケーキミックスで

主材料（２人分）と下処理

ホットケーキミックス…50ｇ
水…50mℓ
ナンプラー…小さじ１
香菜（パクチー）…15ｇ
⇒粗く刻む

1 揚げる

ボウルにすべての材料を入れて混ぜ合わせる。手を濡らしながら、一口大に丸め、160℃のサラダ油に入れて揚げ、油をきる。器に盛り、ライム（搾りやすく切ったもの）を添える。

おやつにもおつまみにもなる、作るのはかんたんなのに、ワザありに見える１品。

ホットケーキ
ミックスで

ホットケーキミックスのチョコチャンクスコーン

材料を混ぜて焼くだけ！とは、思えない大人味。ウイスキーやハイボールとよく合います。

失敗なくかんたんにできます。チョコレートは好みの甘さのもので。

材料（作りやすい分量）と下処理

ホットケーキミックス…180ｇ
バター…40ｇ
　⇒室温でやわらかくする
牛乳…40mℓ
板チョコレート…２枚（100ｇ）
　⇒1.5cm角に切る

1 混ぜる

ボウルにホットケーキミックス、バター、牛乳を入れ、粉っぽさがなくなるまで練る。チョコレートを加えて手でこね混ぜる。

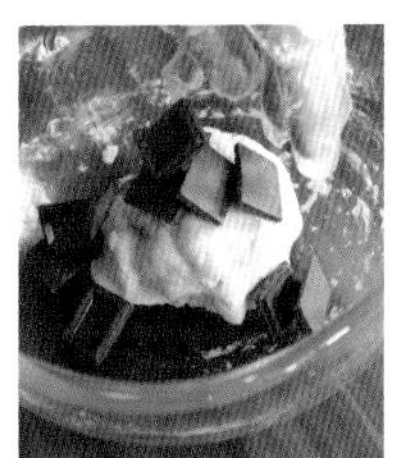

2 焼く

天板にオーブンシートを敷き、１の生地を丸くのばして適当な大きさに切り、170℃のオーブンで25〜30分焼く。

グラノーラ・ささみフライ

ザクザクしてほんのり甘い衣に、
しっとりしたささみの上品なうまみ。
リースリングの白ワインと。

グラノーラで

主材料(２人分)と下処理

鶏ささみ…３本(150g)
　⇒縦半分に切って筋を除き、塩、こしょう各少々をふる
プレーングラノーラ…80～100g
　⇒ポリ袋に入れ、すりこ木などでたたいて砕く
〈衣〉
｜小麦粉…大さじ２　水…大さじ１½
　⇒混ぜ合わせる

1 グラノーラをまぶして揚げる

ささみを衣にくぐらせ、グラノーラをまぶしつける。160℃のサラダ油で揚げ、油をきる。器に盛り、好みの葉野菜（写真はブーケレタス)、フレンチマスタード少々を添える。

実山椒佃煮の甘みそディップ

白みそ、いりごまに混ぜるだけで
香り高いみそディップができます。
辛口の日本酒と。

実山椒佃煮で

材料(作りやすい分量)と下処理

A｜白みそ…50g
　｜麹みそ…大さじ２
　｜実山椒の佃煮、いりごま(白)、水…各大さじ１
好みの野菜…適量
　⇒食べやすく切る

1 混ぜる

Aをよく混ぜ、好みの野菜（写真は大根、きゅうり、にんじん、細ねぎ）につけていただく。

実山椒佃煮の甘みそディップは、清潔な保存容器に入れ、冷蔵庫で２週間ほど保存可能。

ナッツで

ほうれん草のくるみあえ

くるみを刻むと、軽いうまみが出ます。
しょうゆ、柚子こしょうで塩けを立てると
レモンハイ、にごり酒がすすみます。

材料(1〜2人分)と下処理

ほうれん草…2株(50g)
⇒熱湯でゆで、水にさらしてから水けを絞り、3cm長さに切る
くるみ(ロースト・無塩)…15g
⇒包丁で刻む
A 水、しょうゆ…各小さじ½
　柚子こしょう…小さじ¼

1 混ぜる

ボウルにAを合わせ、くるみ、ほうれん草を加えてよくあえる。器に盛り、あればくるみ(分量外)をあしらう。

ミックスナッツの砂糖がけ

ナッツはもちろん、
あめもカリッと香ばしい。
紹興酒の香りと甘みがよく合う。

主材料(作りやすい分量)と下処理

ミックスナッツ…50g
砂糖…20g

1 ゆでて揚げる

ミックスナッツを2分ゆで、ざるに上げて湯をきる。温かいうちに砂糖をまぶし、全体に砂糖がしっとりまとわりついたら、160℃のサラダ油で混ぜながら、こんがり揚げる。オーブンシートを敷いたバットに取り出し、くっつかないように広げ、冷ます。

ナッツは、ゆでてから砂糖をまぶして揚げると、時間がたってもサクサクカリカリ。

くず切りサラダ

もちもちとしたくず切りに
おだやかな酸味をからめてサラダに。
黒こしょうを入れたハイボールと。

くず切りで

材料（２人分）と下処理

くず切り（生）…１袋（200ｇ）
　⇒水でさっと洗う
紫玉ねぎ（細切り）…少々
ミニトマト（縦半分に切る）…５個
きゅうり（細切り）…30ｇ
ハム（細切り）…１枚（30ｇ）
A　酢、うす口しょうゆ、砂糖
　　…各大さじ１
　ごま油…少々

1 ゆでて混ぜる

くず切りは１分ほど透明感が出るまでゆで、ざるに上げて水けをきる。ボウルにAを合わせ、すべての具を加えてよく混ぜる。器に盛り、あれば粗びき黒こしょうをふる。

ゆでたくず切りは水にさらすとおいしくなくなるので、ざるに上げて湯きりします。

くず切りのチャプチェ風

くず切りで

主材料（２人分）と下処理

くず切り（生）…１袋（200ｇ）
　⇒水でさっと洗い、ざるに
　　上げて水けをきる
牛こま切れ肉…20ｇ
　⇒食べやすく切る
A｜しょうゆ…小さじ½
　｜おろしにんにく、ごま油
　｜　…各少々
玉ねぎ（薄切り）…40ｇ
ピーマン（細切り）…１個（30ｇ）
B｜ごま油…小さじ１
　｜塩…小さじ¼
　｜こしょう…少々
　⇒混ぜ合わせる

1 炒める

牛肉にAをまぶして炒める。火が通ったら、玉ねぎ、ピーマンを加えて炒め、野菜がしんなりとしてきたら、くず切りを加えて炒め、透明感が出てきたら、Bで味をととのえる。器に盛り、あれば糸唐辛子をあしらい、いりごま（白）をふる。

牛肉の甘い脂を吸った
くず切りがクセになる。
にごりの日本酒でキリリと。

くず切りを炒める時には、ゆでずに使うと味をしっかり吸い、もちっとした食感が残ります。

大原千鶴　（おおはら・ちづる）

料理研究家。京都・花脊の料理旅館「美山荘」の次女として生まれ、自然の中で食材に触れ、小学生の頃には店のまかないを担当しながら、料理の腕を磨く。3人の子どもの子育ての経験から生まれた、素材を生かし、無駄にしない、多忙な日々を送る女性を助ける作りやすいレシピが人気。『まいにちおべんとう』『大原千鶴の和食』『大原千鶴のまいにちのごはん』（いずれも高橋書店）、『冷めてもおいしい和のおかず』（家の光協会）など、著書多数。

デザイン	兼沢晴代
撮影	鈴木正美
撮影アシスタント	重枝龍明
スタイリング	中山暢子（P8～72、P102～112）
料理アシスタント	酒井智美
企画・編集	土居有香（メディエイトKIRI）
プロデュース	高橋インターナショナル

大原千鶴のすぐごはん　冷蔵庫にあるもので

著　者　大原千鶴
発行者　高橋秀雄
発行所　株式会社 高橋書店
〒170-6014 東京都豊島区東池袋3-1-1 サンシャイン60 14階
電話　03-5957-7103

ISBN978-4-471-40876-3

©OHARA Chizuru Printed in Japan

定価はカバーに表示してあります。
本書および本書の付属物の内容を許可なく転載することを禁じます。また、本書および付属物の無断複写（コピー、スキャン、デジタル化等）、複製物の譲渡および配信は著作権上での例外を除き禁止されています。

本書の内容についてのご質問は「書名、質問事項（ページ、内容）、お客様のご連絡先」を明記のうえ、郵送、FAX、ホームページお問い合わせフォームから小社へお送りください。回答にはお時間をいただく場合がございます。また、電話によるお問い合わせ、本書の内容を超えたご質問にはお答えできませんので、ご了承ください。本書に関する正誤等の情報は、小社ホームページもご参照ください。

【内容についての問い合わせ先】
書面　〒170-6014
東京都豊島区東池袋3-1-1
サンシャイン60　14階
高橋書店編集部
FAX　03-5957-7079
メール　小社ホームページお問い合わせフォームから
（https://www.takahashishoten.co.jp/）

【不良品についての問い合わせ先】
ページの順序間違い・抜けなど物理的欠陥がございましたら、電話03-5957-7076へお問い合わせください。ただし、古書店等で購入・入手された商品の交換には一切応じられません。